HOME PHILOSOPH
visionna
Babylon living room design Alessandro La Spada
HEBAN
EKSKLUZYWNE MEBLE
NAJWIĘKSZA GALERIA EKSKLUZYWNYCH
MEBLI W WARSZAWIE KLASYKA & NOWOCZESNOŚĆ
ul. Trakt Brzeski 73 05-077 Warszawa (Wesoła)
tel. 695-690-690, 22 7608914
meble@heban.pl | www.heban.pl

Moja spektakularna metamorfoza

KAROLINA
SZOSTAK

MARTA KORDYL

Moja spektakularna metamorfoza

EDIPRESSE
KSIĄŻKI

Podziękowania

Serdecznie dziękujemy Hali Koszyki za udostępnienie wnętrz na potrzeby sesji zdjęciowej do książki.

Szczególnie głęboko kłaniamy się:

1. Jaśkowi Bazylemu z Akademii Kulinarnej Comfort Food Studio, który przymknął oko i zacisnął zęby, kiedy siedziałyśmy, a nawet leżałyśmy na blacie... Dzięki temu możemy się cieszyć piękną okładką!

2. Werandzie Bistro za udostępnienie nam „prywatnej sali", w której napisałyśmy wiele stron poradnika i zrobiłyśmy mnóstwo wyjątkowych zdjęć.

3. Ćmie by Mateusz Gessler za wyrozumiałość, gdy wchodziłyśmy za bar i... szybę, która została uwieczniona na ulubionej fotografii Karoliny.

Ponadto bardzo dziękujemy Flaming Restaurant za udostępnienie pięknego wnętrza. Ich zdjęcia uatrakcyjniły stronę graficzną książki.

I oczywiście fotografowi Krzyśkowi Kostkiewiczowi za przepiękne zdjęcia, mnóstwo cierpliwości i... to, że nie opuścił nas, nawet gdy musiał stać na mrozie i udawać paparazzi.

Spis treści

Wstęp

Skończyłam czterdzieści lat i już od dobrych dwóch dekad walczę ze swoją wagą. Od dwudziestu lat ciągle myślę o kaloriach, kiedy patrzę na przypieczone udko kurczaka i chrupiącą bułeczkę z masłem orzechowym. Mierzę ją wzrokiem, jak swoje pośladki w obcisłych dżinsach, i zastanawiam się, czy mogę... Czy mogę skubnąć jej odrobinę, oderwać pachnącą skórkę i zamoczyć ją w ulubionej oliwie? Albo pół nocy nawijać na widelec oryginalne włoskie spaghetti aglio olio posypane parmezanem i śmiać się przy tym z przyjaciółmi, jak Włosi mają w zwyczaju? Sophia Loren przyrzeka, że można, ale czy chuda aktorka jest w tej kwestii autorytetem?

Ja chuda nigdy nie byłam. Już w liceum bliżej mi było do klepsydry niż do dziewczyn, które miały figury modelek. Ale wolałam być sobą… od zawsze. To zasługa mojej kochanej mamy (uwielbiam zwracać się do niej „mamcia"), która góry przeniosła i morze wykopała, by jej jedyne dziecko wyrosło na pewną i kochającą siebie kobietę. Takie rzeczy wynosi się z domu, to wiem na pewno. Ja z mojego rodzinnego, poza lampą i ulubionym kubkiem do kawy, wyniosłam wiarę w siebie i pewność, że choćby nie wiem, co się działo, i tak będzie dobrze. Właściwie przez całe moje dziecięce życie byłyśmy z mamą najlepszymi przyjaciółkami. Tylko my, dwie blondynki z głowami pełnymi marzeń i planów. I nawet po rozwodzie ona tak to nasze życie poskładała i przemeblowała, że wszystko zaczęło się spełniać.

Mama dbała także o moją dietę. Razem wiele razy się odchudzałyśmy, testowałyśmy wszystkie możliwe cuda na rynku, miałyśmy nawet przygodę z niemieckimi koktajlami załatwianymi przez Krewnych i Znajomych Królika. Efekty tych diet na początku były zadowalające. Szybki ubytek masy ciała, błyskawiczny efekt wow, satysfakcja, że panuję nad wszystkim, a potem bolesny powrót do szarej rzeczywistości w rozmiarze 44. I tak w kółko. Czułam się jak chomik, który biegnie na kołowrotku, choć nawet i on już wie, że nigdzie nie dobiegnie. Gdybym nie pracowała w Polsacie i gdyby nie to, że w telewizji trzeba „wyglądać" (w końcu widać tam wszystko, plus telewizja dodaje pięć kilogramów), zapewne machnęłabym ręką i zjadała częściej swojego ulubionego śledzia w śmietanie albo pizzę, albo dobrze przyprawiony rosół na mięsie. (Należę do kobiet, które mając do wyboru stek czy czekoladę, zawsze wybiorą stek). Jednak od dwudziestu lat pracuję w branży medialnej. Kocham tę robotę bardziej niż jedzenie, dlatego raz na jakiś czas przymierzam moje spodnie – wyrocznię w rozmiarze 38 i sprawdzam, na ile jeszcze mogę sobie pozwolić. A jak wiadomo, smakoszki życia, koneserki soczystych chwil i miłośniczki kolacji, które kończą się nad ranem, kiedy ostatni gość trzaśnie drzwiami, nie znają umiaru. Dlatego moja masa ciała nieustannie się zmieniała. Rosła, kurczyła się i zdecydowanie nie tańczyła tak, jak jej zagrałam.

Do czterdziestki udawało mi się z tym żyć, ale krzesełko w metryce z przodu spowalnia metabolizm. Nagle to, co spalałam śmiechem i tańcem, żądało pójścia do siłowni. Pasek w spodniach przeskakiwał z dziurki na dziurkę od samego zapachu jedzenia, a bankiety i nieregularna praca wchodziły mi nie tylko w pięty, ale także w nogi, biodra, brzuch, na czubku nosa kończąc. Metabolizm ewidentnie zwolnił, do tego hormony ruszyły z kopyta i pierwszy raz

*Moje rubensowskie kształty,
którymi zawsze się szczyciłam,
zaczęły się rozmywać – przestałam w nich
widzieć powód do dumy.*

w życiu przestałam panować nad wskazaniami wagi. Moje rubensowskie kształty, którymi zawsze się szczyciłam, zaczęły się rozmywać – przestałam w nich widzieć powód do dumy. Wtedy to zrozumiałam...

W pochmurny marcowy wtorek po raz kolejny zapukałam do drzwi Kasi Milczarkiewicz, mojego żywieniowego coacha, z błaganiem o pomoc. I tym razem również obie podniosłyśmy rękawice, które los rzucił nam pod nogi. Postanowiłyśmy raz na zawsze pozbyć się tego, co zaczęło mnie dusić i zabijać radość życia. Plan był prosty: odnaleźć sens w restrykcyjnych zmianach, nie gubiąc siebie. Zaczęłyśmy od trzytygodniowej diety oczyszczającej, która miała stopniowo wprowadzić mnie do czterdziestodwudniowego postu doktor Ewy Dąbrowskiej. To był mój Mount Everest. Po nim kolejne trzy tygodnie wychodzenia z postu i w końcu do dzisiaj dieta wegańsko-oczyszczająca. I tak oto ja, smakoszka mięsa, zerwałam z nim! Świat zwariował. Ale tym razem na moich zasadach. Udało się, oczyściłam swój organizm i stworzyłam nową, lepszą wersję siebie. Od początku mojej metamorfozy minął rok. W tym czasie schudłam prawie trzydzieści kilogramów i naprawdę uwierzyłam, że wszystko jest możliwe, nawet chuda Szostak, choć odchudzać się bardziej już nie zamierzam. A co w tym wszystkim najlepsze? Nie boję się efektu jo-jo ani tego, że do końca życia będę jadła sałatę i kapustę kiszoną. Bo w końcu zrobiłam coś, o co sama nigdy bym się nie podejrzewała. Zrozumiałam, o co tak naprawdę chodzi w odchudzaniu, i... się przestawiłam. Post i to, co wydarzyło się po nim, pozwoliło mi wyrobić sobie dobre nawyki. Dieta stała się moim sposobem na życie, smaczną, dobrze doprawioną alternatywą śmieciowego jedzenia. Czymś, bez czego nie wyobrażam sobie delektowania się światem.

I bardzo mnie cieszy, że moja spektakularna metamorfoza – tak, nie boję użyć się tego określenia: SPEKTAKULARNA METAMORFOZA – porwała inne kobiety do działania. Panie w różnym wieku zaczęły zalewać mnie e-mailami i listami z prośbą o zdradzenie mojego sekretu. Chciały wiedzieć, jak udało mi się schudnąć tak dużo, nie tracąc przy tym urody i poczucia humoru. Zaczepiały mnie na ulicy, mówiąc, że mój przykład bardziej motywuje je do działania niż jakiekolwiek ćwiczenia czy diety innych gwiazd fitnessu. Dlaczego ja? Bo tak jak one jestem kobietą, która od wielu lat walczyła o swój idealny wygląd, strzeliła złotego gola i wygrała mecz.

Gdy moja przyjaciółka Marta Kordyl zadzwoniła do mnie z pomysłem napisania książki, w której krok po kroku, bez żadnej ściemy, miałabym podzielić się z czytelniczkami sposobem na pozbycie się trzydziestu kilogramów, zgodziłam się bez zastanowienia. Byłam szczęśliwa, że będę mogła odkryć karty sprawdzonego przepisu na „dietę Szostak". Od kilku miesięcy wspólnie z Martą pracujemy nad jedynym w swoim rodzaju poradnikiem dla ciebie, droga czytelniczko. W tym czasie ponownie przeszłam post, tym razem krótszy, miesięczny, i zachęciłam do niego Martę. Obie oczyściłyśmy swoje ciała i umysły, by teraz z pełną werwą i energią zaprosić cię do twojej spektakularnej metamorfozy. Skoro mnie się udało, tobie też się uda. Obiecuję!

WYWIAD

z Karoliną

Pamiętasz, co zrobiłaś, kiedy pierwszy raz przeprowadzałam z tobą wywiad?

Oczywiście, siedziałyśmy w stołówce akademickiej, a ja pokazałam ci swój biust. Byłam po treningu do „Tańca z gwiazdami", jadłyśmy klopsy, a ty zapytałaś, czy mój biust jest prawdziwy, więc pokazałam ci, że tak. Całe szczęście, że wtedy trwała sesja i studenci nie odrywali wzroku od swoich notatek, obyło się więc bez skandalu.

To prawda. Nikt nic nie widział, poza mną. I wtedy obie przyznałyśmy, że biust to jeden z twoich największych atutów.

Nadal tak jest, choć lubię dodawać, że mam też ładne oczy.

No właśnie nie wiem, czy nadal tak jest. Biust zmniejszył ci się o dwa rozmiary.

Ale wciąż jest „powyżej średniej krajowej" i nadal przykuwa wzrok.

Ciekawa jestem, czy teraz też byś „na nim wypłynęła".

Myślę, że tak (*śmiech*). W końcu internauta, który mnie „stworzył" , był bardzo uzdolniony i pewnie coś by wymyślił. Link, który wrzucił do sieci z rzekomego programu, kiedy to miałam w sukni z dekoltem sięgającym pępka prowadzić wielkanocne wiadomości sportowe, był tak profesjonalnie zmontowany, że w pierwszej chwili nawet ja zaczęłam się zastanawiać, czy faktycznie tak się ubrałam. Dzięki niemu tamtej Wielkanocy z anonimowej dziennikarki stałam się Karoliną Szostak. Zainteresowała się mną nawet telewizja holenderska! Na początku byłam wściekła na tego człowieka, chciałam go pozwać, a później machnęłam ręką. Kiedy patrzę na to wydarzenie dzisiaj, chyba muszę mu podziękować, bo to właśnie on otworzył mi drzwi do show-biznesu. Teraz sama swoją pozycję umocniłam tym, że tak dużo schudłam.

Czy to świetnie zaplanowana strategia, nad którą myślał sztab wykwalifikowanych specjalistów?

Nie, przecież nie startuję w wyborach na prezydenta, tylko trochę schudłam, i tyle.

Nie trochę, bo aż prawie trzydzieści kilogramów, i nie tylko, bo każda kobieta wie, że zrzucić taki ciężar z siebie to wielki wyczyn, który większości z nas się nie udaje.

Mnie udało się dopiero po dwudziestu latach walki. I chyba trzeba swoje przeżyć, żeby w końcu zrozumieć, o co w tym całym odchudzaniu chodzi.

Ale po co ci dieta? Przecież mówiłaś, że w telewizji polskiej są potrzebne dziennikarki podobne do prawdziwych kobiet. Nie chciałaś być patykiem.

I nadal nie chcę, jestem szczuplejsza, ale do patyka mi daleko. Nadal mam biodra, biust, uda, i to się nie zmieni. Poza tym już się nie odchudzam, teraz tylko zdrowo się odżywiam i staram się utrzymać wagę. Marto, znasz mnie kilka lat i wiesz, że zawsze siebie lubiłam i akceptowałam, nawet w rozmiarze 44. Teraz tylko podobam się sobie trochę bardziej i lepiej leżą na mnie ubrania. Nic więcej się nie zmieniło. W mojej głowie nie zaszły spektakularne zmiany,

Kiedy stuknęła mi czterdziestka, zauważyłam, że muszę zacząć dbać o siebie bardziej niż wtedy, kiedy miałam trzydzieści pięć lat.

bo nie potrzebowałam ich. Dodatkowe kilogramy nigdy nie podcinały mi skrzydeł, w niczym mnie nie ograniczały. Nie jestem teraz szczęśliwsza, bo mniej ważę. Być może są kobiety, które nie akceptują siebie w większym rozmiarze, nawet przez lekką nadwagę mają obniżoną samoocenę, zepsuty humor i każdą nieudaną próbę schudnięcia traktują jak życiową porażkę. Ja tak nigdy nie miałam. Nie patrzę ani na siebie, ani na innych przez pryzmat kilogramów. Nie one nas definiują. Ale być może takie podejście wynosi się z domu – moja mama dała mi tyle miłości i wsparcia, że nawet nie przychodziło mi do głowy, że mogę nie być atrakcyjna. Poza tym zawsze podobało mi się włoskie podejście do życia. Ich soczystość posypana parmezanem. Trochę ich papugowałam (*śmiech*).

Ale coś się musiało zmienić, skoro zdecydowałaś się zamienić parmezan na sałatę.

Kiedy stuknęła mi czterdziestka, zauważyłam, że muszę zacząć dbać o siebie bardziej niż wtedy, kiedy miałam trzydzieści pięć lat. A jednocześnie przy okazji badań okresowych okazało się, że mam niedoczynność tarczycy i jak to przy tej chorobie bywa, praktycznie zerowy metabolizm. Musiałam szybko działać, dopóki nie będzie za późno. Dlatego przeszłam na dietę. A że mieszkam sama i gotowanie nigdy nie było moją mocną stroną, postanowiłam skorzystać z cateringu pudełkowego „Przełom w odżywianiu". Zaczęłam od sześciotygodniowego postu doktor Ewy Dąbrowskiej, po którym zrzuciłam pierwszą dychę.

Tylko wyjątkowo zdesperowana osoba jest w stanie wytrzymać sześć tygodni na warzywach i jabłkach...

Moim celem było udowodnienie sobie, że przetrwam post i zrobię porządek z hormonami.

Widać, że obie jesteśmy bardzo zdesperowane, bo obie przeszłyśmy ten post. Marto, przecież wiesz, że wszystko zależy od nastawienia. Byłam ciekawa, co w tym czasie dzieje się z moim organizmem. Już po dwóch tygodniach poczułam się silna i chodziłam spać jak dziecko po dobranocce.

Oj, nie kłam. Pierwsze dni postu były straszne. Bolały nas głowy, brzuchy, a ty pod koniec pierwszego tygodnia z powodu bólu pleców nie mogłaś wstać z łóżka.

Tak, początki zawsze są trudne, ale później było o wiele lepiej. W drugim tygodniu aż kipiałam energią, chciałam wszystko robić, nawet wypucować dom. Czułam się, jakby mój organizm był na wakacjach. A kiedy kilogramy zaczęły spadać, nie mogłam uwierzyć w to, co się dzieje. Nie sądziłam, że aż tak dużo schudnę. Zresztą to nie był mój cel. Moim celem było udowodnienie sobie, że przetrwam post i zrobię porządek z hormonami. Wcześniej, jak każda kobieta, od czasu do czasu bywałam na jakiejś diecie, i tylko raz efekt mnie zadowolił. Ale wtedy przez pół roku jadłam same zupki warzywne i carpaccio. Po skończeniu tamtej diety kupiłam sobie w Zarze pierwsze dżinsy w rozmiarze 38. I od tygodnia znowu się w nie mieszczę!

Gratulacje, ale dla mnie to tylko kolejny dowód na to, że nie akceptowałaś siebie w rozmiarze XXL.

Jeżeli kobieta idzie do fryzjera i z blondynki zmienia się w szatynkę, to znaczy, że nie akceptowała siebie?

Nie, to znaczy, że była na takim etapie swojego życia, że potrzebowała odmiany. Po czterdziestce i ja znalazłam się właśnie w tym punkcie. Spojrzałam na siebie i swoje życie i doszłam do wniosku, że to, co mam, już mi nie wystarcza. Lubię być w ruchu, lubię, gdy coś się dzieje, lubię zmiany. Stwierdziłam, że nadszedł mój czas, że teraz najważniejsza jestem ja.

A co z twoją skórą, ciałem? Wybacz, że wytykam ci wiek, ale nie masz osiemnastu lat. Nie bałaś się, że po utracie takiej masy ciała posypią ci się zmarszczki i skóra będzie wisieć?

Nie myślałam o tym na początku. Później, kiedy kilogramy zaczęły spadać, postanowiłam zadziałać asekuracyjnie. Razem z kliniką La Perla, z której usług korzystam od dawna, zaczęłyśmy działać. Wprowadziłyśmy zabiegi ujędrniające na ciało i masaże, dzięki którym woda już nie zatrzymuje się w organizmie. Ale żeby było jasne, niczego sobie nie zmieniłam, nie zmniejszyłam ani nie powiększyłam. Wszystko jest moje, teraz tylko trochę odchudzone. Ale to akurat zasługa diety.

Kobiety często decydują się na takie zmiany, kiedy coś się w ich życiu kończy, na przykład związek...

Mnie to nie dotyczy. Dla faceta aż tak bym się nie zmieniła. Chyba, że Brad Pitt zainteresowałby się mną. Dla niego mogę być nawet ruda.

Czyli czekasz na miłość?

Oczywiście, i mam przeczucie, że w tym roku zakocham się na poważnie. Najpierw oczyściłam swoje ciało, później umysł, a teraz czas na *love*.

Ciągle się zastanawiam, jak to możliwe, że taka kobieta jak ty jest sama.

Uważaj, bo odpowiem ci jak Bridget Jones: być może dlatego, że pod ubraniem mam łuski ryby (*śmiech*). Ale prawda jest taka, że nie mam zielonego pojęcia, dlaczego jestem sama. Może dlatego, że do tej pory Brad Pitt był zajęty. A może moja mama ma rację, kiedy mówi, że to dlatego, że jestem zbyt równa, a podobno faceci nie chcą żenić się z kobietami, z którymi mogą konie kraść. Za to moi przyjaciele zapewniają, że problem tkwi w tym, że wysyłam sprzeczne sygnały. Gdy ktoś bardzo mi się podoba, tak staram się ukryć to zainteresowanie, że ten ktoś myśli, że go nie lubię. I koło się zamyka. Ale według mnie chodzi o moją nieśmiałość...

Przepraszam, o co chodzi?! Nie znam bardziej śmiałej osoby od ciebie!

Tak uważasz, bo się znamy i lubimy, a poza tym jesteś kobietą. Mężczyźni mnie paraliżują. Są kobiety, które tracą dla facetów głowę, ja zapominam języka w gębie. A do tego okazało się, że jestem romantyczką i marzę o tym, żeby to mężczyzna zrobił pierwszy krok, podszedł do mnie, zaprosił na kawę... Tak już mam, moją mamę to bardzo martwi. Nie chce, żebym ciągle była sama. Ja też tego nie chcę, zwłaszcza że kiedyś byłam w jedenastoletnim związku i taka symbioza – naprawdę wszystko robiliśmy razem – bardzo mi odpowiadała. I dlatego jestem przekonana, że w tym roku wszystko się zmieni i jeszcze będziesz mi gratulować zaręczyn.

Chciałabyś tego: pierścionek, ślub, dzieci?

Bardzo, choć w moim wieku kolejność nie musi być taka. Chcę mieć rodzinę. Bardzo. To najważniejsze.

A co z karierą? Tu też czekasz na nowe wyzwania?

Jestem dziennikarką sportową w Polsacie od prawie dwudziestu lat i to jest moja wymarzona praca, z której nie zamierzam za żadne skarby rezygnować.

Twoja kariera telewizyjna rozpoczęła się od programu „5-10-15"...

Tak, choć w sumie rozpoczęła się od matury międzynarodowej, a przynajmniej jej zapowiedzi. Mama zapisała mnie do pierwszego prywatnego liceum w Polsce, które poza licznymi asami w rękawie miało oferować absolwentom maturę międzynarodową. Nic z tego nie wyszło, przynajmniej nie w początkowych rocznikach, czyli w moim. W każdym razie zamiast takiej matury przydarzyła mi się inna ciekawa historia. Pewna pani z telewizji przyszła do naszej szkoły, żeby zrobić reportaż o pierwszym prywatnym liceum w Polsce. Rozmawiała z uczniami, a mnie nawet zaproponowała, żebym przyszła do studia i reprezentowała naszą szkołę. Oczywiście, zgodziłam się, bo wtedy na wszystko patrzyłam w kategoriach superprzygody. I chyba sprawdziłam się, bo po tamtym występie zaproponowano mi, żebym poprowadziła Szortpress w programie „5-10-15". Były to lata dziewięćdziesiąte, czasy, kiedy Krzysiek Ibisz był świeżo upieczonym dziennikarzem, który po godzinach dorabiał jako nasz logopeda. To była moja pierwsza zabawa z telewizją. Kiedy byłam w klasie maturalnej, poprosiłam wujka, który był wydawcą „Teleexpressu", żeby pokazał mi, jak wygląda telewizja od kuchni. Wtedy też poznałam Hankę Smoktunowicz, teraz Lis, która razem z Maciejem Orłosiem prowadziła „Teleexpress". Ale i tak najciekawsze były dla mnie nocne materiały, które Krzysiek Rutkowski robił z policją. Miałam chyba dziewiętnaście lat. Nosiłam

O sporcie wtedy wiedziałam niewiele, ale z tym przecież od razu nie musiałam się zdradzać.

kamizelkę kuloodporną i brałam udział w prawdziwych akcjach policyjnych z bandziorami oraz... sprawiałam, że moja mama szybciej siwiała. Zresztą nie pierwszy raz.

Mówisz o wypadku samochodowym?

Tak, miałam wtedy piętnaście lat. Ósmego marca wracałam do domu samochodem ze znajomymi. Siedziałam z tyłu za kierowcą. Obok nas autem jechał chłopak, który – jak się okazało – był kolegą kierowcy. Zbliżył się do nas, żeby się z nami przywitać, i w pewnym momencie niechcący uderzył w nas, a dokładniej wepchnął na słup. Uderzenie było tak silne, że wszyscy zostaliśmy ranni. Ja na pierwszy rzut oka najmniej. Tuż po wypadku byłam najbardziej przytomna. Ci z przodu uderzyli głowami w szybę, więc byli oszołomieni i zakrwawieni, ja z zewnątrz nie miałam obrażeń. Kiedy przyjechała policja, bez problemu się przedstawiłam, powiedziałam, jak nazywają się koledzy, podałam nasze numery telefonów i wtedy zaczęłam wolniej mówić i słabnąć. Dopiero po dwóch godzinach od wypadku pewien młody policjant zobaczył, że coś się dzieje ze mną złego, i zmusił załogę karetki, żeby zabrała mnie do szpitala. Moja mama odnalazła później tego policjanta i podziękowała mu za uratowanie mi życia. Jak się okazało, miałam krwiaka mózgu, który powiększał się w ekspresowym tempie.

W szpitalu na Banacha trafiłam w ręce doktora Jarosława Andrychowskiego, który natychmiast zawiózł mnie do sali operacyjnej.

Na szczęście wszystko skończyło się dobrze, ale moja mama do tej pory wspomina, że najgorsze dni jej życia były wtedy, kiedy po operacji przez trzy doby czekała, aż się obudzę, i modliła się, żebym nie miała uszkodzonego mózgu.

W szpitalu byłam około półtora miesiąca, a później długo dochodziłam do siebie w domu. Miałam sparaliżowaną prawą część ciała, opadała mi powieka, miałam opuszczone oko i zeza. Musiałam uczyć się wszystkiego od nowa: czytać, pisać, zapamiętywać. Koszmar. I to leżenie. Mama przyprowadzała wtedy do szpitala panią od refleksologii, która codziennie masowała mi stopy. Lekarze się na to wściekali, ale jak zobaczyli, że to działa, przymknęli oko na „znachorkę" przy moim łóżku.

Od wypadku nie słyszę na lewe ucho, nie mogę pić alkoholu i ani uprawiać intensywnie sportu. Tak! Nie mogę ćwiczyć w wysokim tempie, czyli bieganie odpada. Ale i tak nie narzekam, bo jeszcze trzy lata od wypadku groził mi straszliwy zez. Miałam mieć operację, ale mama wynalazła jakąś klinikę zeza pod Krakowem, gdzie zastosowano leczenie eksperymentalne. Raz w miesiącu jeździłam tam na zastrzyk w mięsień oka. Nigdy nie zapomnę bólu i strachu, że się poruszę albo zamrugam.

Dopiero po trzech latach od wypadku zaczęłam widzieć normalnie i... rozglądać się za prawdziwą pracą. Ktoś mi powiedział, że w Polsacie szukają dziennikarza do Działu Kultury. Umówiłam się na spotkanie i w nowych butach, kupionych specjalnie na tę okazję, pobiegłam na rozmowę z nadzieją, że dostanę tę robotę. Na miejscu okazało się jednak, że mój informator się pomylił – Polsat nie szukał do kultury, tylko sportu. O sporcie wtedy wiedziałam niewiele, ale z tym przecież od razu nie musiałam się zdradzać. Do pracy byłam gotowa, w końcu miałam nie tylko doświadczenie z telewizji publicznej, ale także nowe buciki. I tak to się zaczęło. Przyszłam w maju, a już w wakacje koncertowanie w całej Polsce z „Inwazją mocy” radia RMF FM oraz Polsatu. To była niezła szkoła jazdy, ale sprawdziłam się i już po wakacjach usłyszałam od mojego szefa, że wystąpię na wizji. Był rok 1997. Szefem Redakcji Sportowej był wtedy Jacek Kostrzewa.

Dwa lata później, w 1999, do Polsatu przyszedł pan Marian Kmita, który uruchomił oddzielny kanał sportowy: Polsat Sport. I tak machina ruszyła.

Czyli od dwudziestu lat siedzisz w sporcie. Nie kuszą cię nowe wyzwania?

Mogę robić coś więcej, niż tylko przygotowywać wiadomości sportowe, w końcu byłam wydawcą Mistrzostw Europy Kobiet w siatkówce i pracowałam przy wielu sportowych imprezach telewizyjnych także z drugiej strony kamery. Telewizja daje mnóstwo możliwości, bo przecież to nie tylko praca na wizji. Z tyłu kamery stoi cały sztab ludzi, którzy cieżko pracują na końcowy efekt. Czasami stoję tam i ja. Poznałam także show-biznes i wydaje mi się, że wiem jak się w nim należy poruszać. Można nawet pokusić się o stwierdzenie, że show-biznes mnie stworzył. W końcu udział w „Tańcu z Gwiazdami” otworzył mi drzwi do popularności.

Ale przecież nie przeszkadza ci, że jesteś celebrytką.

Nie, bo nie uważam, że do końca nią jestem. Popularność jest cechą pozytywną. Miło jest usłyszeć od obcych ludzi komplementy na temat swojego wyglądu albo występów w Polsacie. Takie gesty bardzo doceniam.

I nie denerwuje cię, że zdobyłaś popularność nie dzięki temu, jaką jesteś dziennikarką, ale dlatego,

że internauci docenili twój biust? A teraz ludzie emocjonują się twoim nowym wyglądem w rozmiarze S?

Nie, bo mam wystarczająco dużo poczucia humoru, żeby nie brać wszystkiego na serio i cieszyć się na własnych warunkach tym co mi spadło z nieba. Na resztę ciężko pracuję. Bo przede wszystkim jestem prezenterką sportową. To moje podstawowe zajęcie, które wykonuję od dwóch dekad, i robię wszystko, żeby być w tym jak najlepsza. Celebrytką stałam się przez przypadek. Poza tym bycie celebrytką też może mieć dobre strony. Wiesz, ile kobiet dzięki mojej metamorfozie zaczęło mnie naśladować?

Ile?

Mnóstwo! Panie ciągle piszą do mnie e-maile, proszą, żebym pomogła im schudnąć. Mają do mnie zaufanie, bo widzą we mnie zwykłą kobietę, która tak jak one ciągle się odchudza. Skoro mnie się udało, to im też się uda. I to właśnie im, Marto, dedykujemy tę książkę. Fajnym babkom, które lubią siebie, znają swoją wartość i chcą jeszcze bardziej siebie polubić. Bo w dietach najfajniejsza jest nie utrata kilogramów, tylko świadomość, że dało się radę.

I nie boimy się efektu jo-jo, prawda?

Już nie, ale czasami śni mi się, że znowu przytyłam, dlatego co kilka dni wkładam moje ukochane spodnie z Zary i sprawdzam, czy wszystko jest tak, jak być powinno. Nie chcę już bardziej schudnąć. Podobam się sobie taka, jaka dzisiaj jestem. Dlatego trwaj, chwilo.

Wywiad

*z **Kasią** Milczarkiewicz*

ROZMOWA Z KASIĄ MILCZARKIEWICZ, WŁAŚCICIELKĄ FIRMY CATERINGOWEJ I COACHEM ŻYWIENIOWYM KAROLINY SZOSTAK

Od jak dawna współpracuje pani z Karoliną Szostak i na czym ta współpraca polega?

Karolinę poznałam w 2014 roku, tuż po jej udziale w „Tańcu z gwiazdami". Doskonale pamiętam ten dzień. Umówiłyśmy się na szybkie spotkanie w kawiarni sieci Starbucks. Nasza „randka" skończyła się po dwóch godzinach, a ja miałam wrażenie, że znamy się od lat.

Karolina zwróciła się do mnie, ponieważ po programie straciła parę ładnych kilogramów i nie chciała tego efektu zmarnować. Ja z kolei jestem właścicielką firmy cateringowej „Przełom w odżywianiu", która w tak zwanych pudełkach dostarcza pod drzwi klientów zdrowe posiłki dietetyczne.

Od czego zaczynałyście metamorfozę?

Do marca 2016 roku przygoda Karoliny z naszymi dietami miała kształt sinusoidy. Na początku wielka euforia i ścisłe przestrzeganie menu. Po pewnym czasie jednak poddawała się, a ja zachęcałam ją, by wróciła na dobrą drogę. W prawidłowym odchudzaniu przeszkodziła jej choroba Hashimoto, na którą i ja cierpię. Z własnego doświadczenia

...post i wyjście z niego pozwoliło jej wypracować zdrowe nawyki. Jestem przekonana, że nie wróci na złą drogę.

wiem, jak trudno schudnąć i utrzymać normalną wagę. W przypadku Karoliny na niekorzyść działały jej praca zawodowa i zmienne godziny w grafiku. Taka nieregularność jest dużym przeciwnikiem w walce z nadwagą. Mimo wszystko udało się. Karolina nauczyła się systematyczności i postanowiła jeszcze raz zawalczyć o swoje zdrowie i boską sylwetkę.

W lutym 2016 roku zaraziłam Karolinę moją przygodą z postem leczniczym doktor Ewy Dąbrowskiej, który stosuję od lat w walce z Hashimoto i innymi schorzeniami. Efektem postu, oprócz jego walorów leczniczych, jest znaczna poprawa kondycji skóry, włosów oraz oczywiście utrata zbędnych kilogramów. Karola spytała mnie, czy uważam, że i ona da radę przejść ten post. Odpowiedziałam, że wszystko tylko i wyłącznie zależy od niej. Jeśli przestawi się na inne myślenie, ma ogromną szansę. Post leczniczy to bardzo ciężka i restrykcyjna kuracja, ale naprawdę warto poświęcić czterdzieści dwa dni dla własnego zdrowia.

Po wielu rozmowach i przygotowaniu do rozpoczęcia postu w marcu 2016 roku Karola podjęła walkę, i wygrała ją za pierwszym razem! Choć przyznaję, że nie było łatwo. Już pierwszego dnia postu denerwowała się, że nie może wypić nawet jednej filiżanki espresso. Chciała zrezygnować, ale powtarzałam jej, że jeżeli wygra sama ze sobą, już nic nie będzie stanowiło dla niej problemu. Wytrwała! Jestem wzruszona i bardzo z niej dumna. Dziękuję, Karola, że mi zaufałaś.

Czym kierowałyście się przy wyborze diety?

Karolina cierpi na chorobę Hashimoto. Przy tym schorzeniu należy ograniczać laktozę i gluten. Na początku naszej współpracy stosowała dietę wegetariańską bez laktozy, następnie dietę czysto wegańską. To był strzał w dziesiątkę i idealne preludium do postu leczniczego.

Dlaczego wcześniejsze diety Karoliny nie przynosiły efektu?

Trudno to jednoznacznie stwierdzić. Jak wspominałam, wszystko zaczyna się i kończy w naszych umysłach. Musimy zdefiniować priorytety, zaprogramować się na wybrany cel i dążyć do niego. A to nie jest łatwe. Wiele osób przechodzi różnego rodzaju diety, które szybko kończą się fiaskiem. Gdyby diety były łatwe do przejścia, na świecie nie byłoby ludzi otyłych. Kolejnym błędem popełnianym przez Karolinę był niestety brak konsekwencji spowodowany zapewne brakiem spektakularnych efektów. Poza tym Karolina tak naprawdę nigdy nie czuła się źle w swoim ciele i dlatego nie była zdeterminowana, by zmienić figurę. To piękna kobieta, która wygląda wspaniale w każdym rozmiarze.

Co się wydarzyło, że Karolina w końcu zdecydowała się na tę dietę i wytrwała?

Długo opowiadałam jej o leczniczych walorach postu doktor Ewy Dąbrowskiej. Tłumaczyłam wielokrotnie, że my, „hashimotki", musimy dbać o siebie bardziej niż inne kobiety. Ale powtarzałam też, Hashimoto to nie wyrok. Wprawdzie nie da się wyleczyć tej choroby autoimmunologicznej, ale można zniwelować jej objawy. Im bardziej podleczona, tym więcej energii i siły. Tak długo sączyłam swój „jad", aż w końcu się udało. Osiągnęłyśmy sukces i dziś Karolina przechodzi drugi post. Co więcej, odkrywając jego zbawienny wpływ na zdrowie, Karolina stosuje razem z „Przełomem...” cykliczne przypominajki zalecane przez autorkę kuracji, doktor Ewę Dąbrowską. Niewtajemniczonym wyjaśniam, że przypominajki to krótkie siedmio- lub czternastodniowe posty stosowane w odstępach około dwumiesięcznych. Karolina już nie wyobraża sobie bez nich życia. A co najważniejsze, post i wyjście z niego pozwoliło jej wypracować zdrowe nawyki. Jestem przekonana, że nie wróci na złą drogę. I to jest właśnie sukces postu – leczenie organizmu i trwała zmiana nawyków żywieniowych.

Jak wyglądał dokładny plan diety Karoliny?

Do każdej kuracji głodówkowej lub półgłodówkowej należy się odpowiednio przygotować, wykluczając, na przykład na miesiąc przed jego rozpoczęciem, produkty mięsne, mączne i nabiałowe. U Karoliny nie musiałyśmy stosować wprowadzenia, ponieważ długo była na diecie czysto wegańskiej, podczas której otrzymywała w naszych pudełkach. W tej diecie wspomniane produkty już zostały wyeliminowane.

Od razu wprowadziliśmy więc Karolinę do postu, który trwał czterdzieści dwa dni. Dla niej okazał się on bułką z masłem. Największa walka zaczęła się po kuracji, kiedy umysł wysyła sygnały, że organizm jest spragniony wszystkiego, co w czasie postu zakazane. Znam osoby, które kończą post i natychmiast rzucają się na najbardziej niezdrowe jedzenie... A wtedy niestety dotychczasowy dorobek idzie na marne, gdyż na nowo zaśmiecamy oczyszczony organizm. Bardzo często niestety objadanie się po poście kończy się gigantycznym efektem jo-jo, dlatego tak ważny jest etap wychodzenia z niego. Należy powoli wprowadzać poszczególne produkty do jadłospisu, by uniknąć repercusji żołądkowych.

Chciała zrezygnować, ale powtarzałam jej, że jeżeli wygra sama ze sobą, już nic nie będzie stanowiło dla niej problemu. Wytrwała! Jestem wzruszona i bardzo z niej dumna. Dziękuję, Karola, że mi zaufałaś.

Wyprowadzenie Karoliny wyglądało następująco:

7 dni – dieta 800 kcal rozszerzająca jadłospis postny o warzywa i owoce zakazane podczas postu plus niewielkie ilości kasz,

7 dni – dieta 1000 kcal wegańska,

7 dni – dieta 1200 kcal wegańska,

7 dni – dieta 1500 kcal wegańska.

Dlaczego warto przejść post doktor Ewy Dąbrowskiej?

Zacytuję Hipokratesa: „Wasze pożywienie będzie waszym lekarstwem". Poprzez analogię do tej sentencji złe żywienie jest trucizną. Krótko mówiąc: w zdrowym ciele zdrowy duch. Niestety choroby cywilizacyjne rozwijają się w zatrważającym tempie, ale nasze zdrowie jest w naszych rękach. Kuracje głodówkowe i półgłodówkowe pozwalają na uruchomienie mechanizmów samoleczących. W trakcie postu przechodzimy na żywienie endogenne, czyli wewnętrzne. Po wejściu na jego tory organizm zaczyna zachowywać się jak kanibal i zjada się od środka. To tłumaczenie obrazowe. W pierwszej kolejności uruchamiają się mechanizmy oczyszczające organizm z toksyn. Następnie organizm zaczyna żywić się złogami i ogniskami zapalnymi, które wywołują wiele chorób i dolegliwości. Żywi się także komórkami tłuszczowymi, które przez lata gromadzimy.

Najlepsze efekty uzyskuje się w typowych chorobach wynikających z przekarmienia, takich jak choroba wieńcowa, cukrzyca typu II, nadciśnienie, otyłość, hipercholesterolemia, miażdżyca zarostowa kończyn. Kuracja jest też skuteczna w zaburzeniach immunologicznych, na przykład alergiach skórnych, astmie, nawracających infekcjach, kolagenozie, a także w chorobie zwyrodnieniowej stawów, zaćmie, paradontozie, chorobie wrzodowej, stłuszczeniu wątroby, owrzodzeniach podudzi. Jednocześnie ustępują różne zaburzenia funkcjonalne, takie jak zespół jelita nadwrażliwego zaparcia, nerwica, jaskra i tym podobne.

Co jest w nim najtrudniejsze? Gdzie są haczyki?

Post jest kuracją wyjątkowo restrykcyjną. Nie jest to zwykła dieta odchudzająca. Osoby traktujące post właśnie jako dietę odchudzającą w większości ponoszą porażkę, gdyż utrata masy ciała nie jest aż tak dużą motywacją jak poprawa stanu zdrowia. Z kolei osoby stosujące post jako kurację leczniczą są zdeterminowane, co przekłada się na sukces.

Post
dr Dąbrowskiej

O CO CHODZI W POŚCIE DOKTOR EWY DĄBROWSKIEJ?

Czy wiecie, że organizm człowieka jest tak genialny, iż potrafi sam siebie leczyć? Aby to jednak nastąpiło, człowiek musi mu pomóc, czyli stworzyć odpowiednie warunki do samoleczenia. Niestety człowiek też jest genialny i przez setki lat intensywnie pracował nad poprawą komfortu życia, ale zupełnie zapomniał o podstawowych prawach natury. Największym naszym „grzechem" jest ulepszenie pokarmów przez dodatki chemiczne, rafinację i denaturację. Wszystkie te ulepszacze sprawiają, że nasze pożywienie zostało pozbawione podstawowych wartości biologicznych. I nie owijajmy w bawełnę, truje. Dzieje się tak, ponieważ produkty naszpikowane ulepszaczami i chemią dostarczamy organizmowi w zdecydowanie zbyt dużych ilościach, co w efekcie upośledza samoleczący mechanizm jego oczyszczania. A to z kolei doprowadziło do epidemii chorób cywilizacyjnych, czyli otyłości, nadciśnienia, cukrzycy, chorób wieńcowych, miażdżycy i raka.

PRZERAŻA CIĘ TO? MNIE BARDZO!

Dlatego postanowiłam odzyskać swoje zdrowie i przejąć pełną kontrolę nad nim dzięki powrotowi do życia zgodnie z prawami natury. Moim mostem do takiego życia stał się czterdziestodwudniowy post warzywno-owocowy, a następnie radykalna zmiana stylu życia przez wprowadzenie zdrowego żywienia na stałe.

Podstawową zasadą postu jej całkowite lub prawie całkowite niedostarczanie organizmowi przez pewien czas pożywienia.

JAK DZIAŁA POST?

Głodówki i posty nie są pokłosiem mody na zdrowy tryb życia ani wprowadzeniem pewnych „pikantnych" zmian do listy dobrze znanych nam diet, które oferuje przemysł dietetyczny. Posty i głodówki od zawsze towarzyszyły człowiekowi. Jeszcze dwie dekady temu w piątki pościł prawie każdy katolik, rezygnując nie tylko z mięsa, ale także ze słodyczy, kawy, alkoholu i makaronów. Postne piątki u mojej prababci zaczynały się już w czwartek. To wtedy na obiad podawany był lekki posiłek bezmięsny, a na kolację sok z kiszonej kapusty. Piątkowy poranek babcia zaczynała od szklanki ciepłej wody z cytryną i kromki chleba razowego. Później do końca dnia piła tylko wodę i herbatki ziołowe. Sobota była dniem wychodzenia z postu, czyli delikatnego wprowadzania nowych produktów. Wtedy babcia jadła na śniadanie chleb z białym serem własnej roboty, potem zupę warzywną i jajko. Mięso i ciasto, które zawsze piekła w soboty wieczorem, jadało się dopiero w niedziele. Tak wyglądał każdy tydzień. Moja prababcia pościła tak głównie ze względów religijnych. Tak samo robiły jej mama, babcia i prababcia. Ale i moja prababcia nie była w tym kultywowaniu postu osamotniona, robiły tak prawie wszystkie jej sąsiadki, które zdrowiem i urodą cieszyły się do późnej starości.

Przyszedł jednak czas, że o poście zapomniano na długie lata. Na szczęście teraz głodówki wracają ze zdwojoną mocą ze względów nie tylko religijnych, ale także zdrowotnych.

ZASADY DOTYCZĄCE POSTU

Podstawową zasadą postu jej całkowite lub prawie całkowite niedostarczanie organizmowi przez pewien czas pożywienia. W tym czasie dochodzi do wewnętrznego odżywiania, czyli organizm niczym kanibal zjada własne tkanki według hierarchii ważności. W ten sposób zostają uruchomione reakcje zmierzające do wyeliminowania nagromadzonych złogów, regeneracji i przywrócenia zdrowia. W pierwszej fazie postu organizm wydala zbędną wodę, potem jako pokarm używa zapasów, złogów, takich jak tłuszcz, zwyrodniałe komórki i ogniska zapalne. W tym cyklu następuje regeneracja młodych komórek, czyli dochodzi do odmłodzenia organizmu. Ale to niejedyne plusy postu. Po kuracji znacznie wzrasta odporność organizmu, poprawia się kondycja skóry, włosów, paznokci. Cofają się choroby zwyrodnieniowe i oczywiście występuje znaczny spadek masy ciała.

JAK PRZEBIEGA KURACJA?

Post warzywno-owocowy doktor Ewy Dąbrowskiej składa się z trzech etapów.

Etap 1. OBEJMUJE PRZYGOTOWANIE DO POSTU

Polega on na stopniowym zejściu z kaloryczności produktów i wyeliminowaniu mięsa, nabiału, cukrów, żywności przetworzonej i alkoholu. Ten etap powinien trwać trzy tygodnie. Jeśli chodzi o mnie, przez dwadzieścia jeden dni byłam na

diecie oczyszczającej, podczas której jadłam tylko kasze, owoce, warzywa, nasiona i pestki. Kaloryczność dań zmniejszałam z każdym tygodniem. Zaczęłam od 1500 kcal, następnie 1200 i 1000. Dzięki temu mój organizm zdążył się przygotować na to, co zamierzałam mu zaserwować przez kolejne sześć tygodni.

Pierwszy etap kuracji nie jest tak restrykcyjny jak post. Dlatego kiedy zdarzyła mi się mała wpadka i zjadłam na przykład kubełek lodów karmelowych, nie przerywałam kuracji, tylko starałam się wyciągnąć wnioski z mojej słabości i jak najszybciej wyrzucić z mojego organizmu „owoc grzechu", pijąc na kolację sok z kiszonej kapusty, kapuśniak albo zjadając kapustę. Ta bomba witaminowa idealnie wymiata resztki z jelit, poprawia metabolizm i sprawia, że wszystkie nasze „grzeszki" są szybciej trawione. Dlatego zawsze, kiedy pozwolę sobie na coś zakazanego, od razu zagryzam to dużą ilością kapusty kiszonej. Mnie zawsze pomaga. Tej sztuczki nauczyła mnie właśnie moja prababcia.

Etap 2. ***OBEJMUJE SZEŚĆ TYGODNI***

Wtedy je się tylko wybrane warzywa i owoce ubogie w substancje odżywcze.

Na mojej liście produktów dozwolonych znajdują się:
- ✓ marchew,
- ✓ buraki,

- ✓ seler,
- ✓ rzodkiewka,
- ✓ pietruszka,
- ✓ chrzan,
- ✓ kapusta,
- ✓ kalafior,
- ✓ brokuł,
- ✓ brukselka,
- ✓ cebula,
- ✓ czosnek,
- ✓ ogórki, zwłaszcza kiszone
- ✓ kabaczek,
- ✓ dynia,
- ✓ szpinak,
- ✓ jarmuż
- ✓ sałata,
- ✓ zioła,
- ✓ pomidory,
- ✓ papryka,
- ✓ jabłko,
- ✓ grejpfruty,
- ✓ cytryny.

W tym czasie można jeść nieograniczoną ilość TYLKO TYCH PRODUKTÓW!

Zapominamy na sześć tygodni o zbożach, kaszach, orzechach, ziemniakach, roślinach strączkowych, chlebie, mleku, oleju i słodkich owocach.

DOZWOLONE NAPOJE TO:
woda (około 3 litrów dziennie, najlepiej pić ciepłą z cytryną i imbirem), herbatki ziołowe i owocowe oraz soki ze świeżo wyciśniętych warzyw i owoców (sok jabłkowy lub grejpfrutowy). Dopuszczalne są także jednodniowe niepasteryzowane soki dostępne w sprzedaży.

W TYM CZASIE NIE MOŻNA PIĆ:
zielonej herbaty i czarnej, kawy, słodzonych soków, napojów gazowanych i alkoholu. Dopuszczalna jest jedynie bezkofeinowa kawa cykoriowa bio.

Produkty można spożywać na surowo jako surówki i sałatki, na ciepło w wersji zup lub warzywa gotowane na parze.

W następnym rozdziale podam dokładne przepisy na dozwolone dania.

Nie ukrywam, że czterdziestodwudniowy post nie jest łatwo przetrwać. Wymaga wielu wyrzeczeń i dyscypliny, z którą najczęściej osoba z nadwagą ma problemy. Najgorszy jest pierwszy tydzień. W tym czasie prawie codzienne myślałam, żeby go przerwać. Już pierwszego dnia byłam wściekła, że nie mogę napić się espresso. Poza tym straszliwy ból głowy, który dopadł mnie już drugiego dnia, skutecznie podciął mi skrzydła, a przecież w tym czasie nie miałam urlopu i musiałam chodzić do pracy. Trzeciego dnia do bólu głowy dołączyły wzdęcia po spożywaniu surowych warzyw i owoców oraz problemy z wypróżnianiem się. Koszmar, czułam się jak wielki głodny wieloryb. Nie oszukujmy się, na początku

...jeżeli teraz wygrasz sama ze sobą, to nic cię nie pokona.

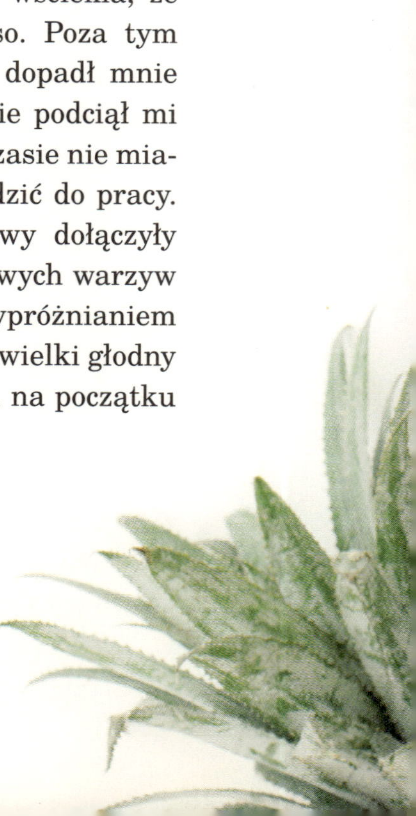

same warzywa nie nasycą nas. Możemy zjeść nawet kilogram marchewki, a i tak czujemy głód i mamy ochotę na bułkę z masłem, pączka, schabowego, latte z pianką, czyli to, na co w tym czasie nie możemy nawet spojrzeć. Post jest tak restrykcyjny, że nawet żucie gumy i łyk czarnej kawy przerywa cykl oczyszczania. A przecież w głodówce najważniejsze jest właśnie to!

Szóstego dnia doszedł dający się we znaki ból pleców i stawów (to tam od lat gromadził się kwas moczowy i zwyrodniałe komórki). Nie mogłam podnieść się z łóżka. Było mi zimno, nie miałam na nic siły i nie mogłam na niczym się skupić (dwa razy zapomniałam, gdzie zaparkowałam samochód). Ciągle dzwoniłam do Kasi, mojego coacha, z informacją, że tym razem naprawdę rezygnuję. A ona powtarzała mi, żebym wytrzymała cały tydzień. Jeżeli po siedmiu dniach nadal będę się źle czuła, pozwoli mi zrezygnować.

I co się stało? Objawy minęły, a ja znowu nabierałam energii. Ponadto zaczęłam zasypiać o dwudziestej drugiej, co nie zdarzyło mi się od bardzo dawna. Czułam, że moja moc wraca.

I nie będę udawała, że utrata pierwszych kilogramów nie miała wpływu na moją motywację. Po dwóch tygodniach schudłam jedynie niecałe dwa kilogramy, ale za to w udach i biodrach straciłam po dziewięć centymetrów i zaczęła się era komplementów... W końcu nic tak nie dodaje skrzydeł jak piękny wygląd. Z każdym tygodniem czułam się ładniejsza. I choć po miesiącu znowu dopadła mnie tęsknota za kawą i mięsem, już wiedziałam, że wytrwam do końca. Poza tym ciągle miałam w głowie słowa Kasi: jeżeli teraz wygrasz sama ze sobą, to nic cię nie pokona. Powtarzałam je sobie jak mantrę i wlewałam w siebie kolejne litry ciepłej wody z cytryną i imbirem. Po sześciu tygodniach schudłam około dwunastu kilogramów, moja skóra stała się młodsza, włosy nabrały blasku. Wyglądałam i czułam się świetnie. Z dumą wymieniłam ubrania w szafie i przygotowywałam się do dalszej walki. W dietach najfajniejsze są dwie rzeczy: spadek masy ciała i satysfakcja, że dałaś radę. Pełna nadziei wbiegłam w trzeci etap...

Etap 3.

Podczas trzeciego etapu, tak jak pozostałych dwóch, codziennie rano pod drzwiami czekała na mnie dieta pudełkowa. Nie ukrywam, że to duże ułatwienie, bo niestety nie jestem typem kobiety, które lubi i potrafi gotować. Ale nie dlatego przetrwałam wszystkie etapy postu. Nie musisz korzystać z cateringu pudełkowego, pomocy coacha żywieniowego i trenera personalnego, żeby dokonać tego co ja. Nauczę cię tego, co oni mi przekazali. W następnym rozdziale pokażę, jak przygotować własne pudełka, czym się motywować i jak ćwiczyć, żeby osiągnąć sukces. Krok po kroku przeprowadzę cię przez wszystkie etapy postu leczniczego i przyznam się do wszystkich błędów, które w nim popełniłam.

W trakcie czterdziestu dwóch dni postu nie miałam na swoim koncie żadnych grzeszków. Skrupulatnie przestrzegałam wytycznych i ani razu nie zjadłam niczego z czarnej listy. I wtedy zaczął się etap trzeci...

Nie mam złotej rady, trzeba po prostu pracować nad sobą i walczyć ze słabościami.

Niby wiedziałam, że jest on bardzo ważny, zdawałam sobie sprawę, że jego niezastosowanie skończy się efektem jo-jo, a tego bałam się najbardziej. W tym czasie kilka razy śniło mi się, że budzę się rano, podchodzę do lustra i widzę w nim siebie trzydzieści kilogramów grubszą. Znam dziewczyny, które stosowały post doktor Ewy Dąbrowskiej, przetrwały go, a potem zaprzepaściły wszystkie jego walory zdrowotne. Nie chciałam być taka jak one, zwłaszcza że czułam presję ze strony mediów. Gazety i portale internetowe zaczęły pisać

ETAP TRZECI JEST BARDZO WAŻNY. Nie można o nim zapomnieć. Jego ominięcie oznacza efekt jo-jo ze zdwojoną siłą i szybkie zanieczyszczenie organizmu. Dlatego przez trzy tygodnie należy stopniowo wprowadzać poszczególne produkty.

W PIERWSZYM TYGODNIU jemy tylko warzywa i owoce, ale ich listę poszerzamy o wszystkie rodzaje. Wprowadzamy rośliny strączkowe, ziemniaki, gruszki, banany, ananasy, pomarańcze i tak dalej.

W DRUGIM TYGODNIU do warzyw i owoców dorzucamy nasiona i kasze, ale tak, żeby wartość energetyczna nie przekroczyła 1200 kcal. W tym czasie można też pozwolić sobie na kawę dziennie.

W TRZECIM TYGODNIU można już wprowadzić ryby, mięso i nabiał, choć ja zdecydowałam się wtedy zastosować dietę wegańską. Nieważne, jaką dietę wybierzesz, ważne, żeby nie przekroczyła 1500 kcal.

o metamorfozie Szostak, kobiety zaczęły wysyłać mi e-maile z prośbą o zdradzenie swojego sekretu. Nie chciałam i siebie, i ich zawieść. Ale i tak po pierwszym tygodniu trzeciego etapu zjadłam opakowanie frytek! (Marta, która też przetrwała post, na etapie wyjścia z niego zgrzeszyła lodami czekoladowymi). Takie słabe dni niestety zdarzają się nawet najlepszym. Jesteśmy wyposzczone, spragnione innych smaków i wiemy, że na tym etapie jedno małe odstępstwo od zasad nie oznacza zaprzepaszczenia wysiłku. Jedno nie, ale co zrobić, żeby na jednym się skończyło?! To największy problem kuracji. Dlatego trzeci etap dla wielu kobiet jest najtrudniejszy. Nie mam złotej rady, trzeba po prostu pracować nad sobą i walczyć ze słabościami (wiem, co sobie pomyślisz, mądrala się znalazła), ale ja tak jak ty codziennie walczę ze sobą. Najważniejsze, żeby nie wpadać w skrajności. Jeżeli przytrafił ci się słabszy dzień i zjadłaś lody, trudno, nie zadręczaj się tym, ale już więcej niedozwolonych produktów tego dnia nie jedz. Po akcji z frytkami zrezygnowałam z kolacji. Wypiłam tylko szklankę soku z kapusty, który przyśpiesza przemianę materii i wydalanie toksyn, i poszłam na godzinny spacer. Potem wzięłam kąpiel z masażem i poszłam spać. Następny dzień rozpoczęłam od ciepłej wody z sokiem z całej cytryny i przestrzegałam swoich nowych zasad.

Takie dni pewnie przytrafią ci się nieraz. Nie pozwól, żeby ścięły cię z nóg. Wybacz sobie mały grzeszek i idź dalej. W końcu silna kobieta to nie taka, która nigdy nie upada, nieprawdaż?

I co ważne, trzeci etap pozbawił mnie kolejnych trzech kilogramów, czyli razem piętnaście kilogramów w dół. :)

Co dalej?

Jeżeli, droga czytelniczko, „prowadziłaś się" zgodnie z planem, to masz już za sobą trzy tygodnie wprowadzenia do postu, czterdzieści dwa dni półgłodówki warzywno-owocowej doktor Ewy Dąbrowskiej i trzy tygodnie wychodzenia z kuracji. Łącznie od dwunastu tygodni odżywiasz się zdrowo. Brawo! W tym czasie zapewne schudłaś już około dwunastu kilogramów. (Im szczuplejsza osoba, tym mniej chudnie, Marta na przykład miała do zrzucenia pięć kilogramów i tyle właśnie schudła). Wyglądasz pięknie, widać to po cerze, blasku w oku i szczupłych udach. Wszyscy dookoła zauważają twoją spektakularną metamorfozę i podziwiają cię za wytrwałość. Zniknęły problemy z zaparciami, cienie pod oczami i bóle głowy. Jesteś nową wersją siebie i nawet masz ochotę zaszaleć z włosami. Tak się czujesz? Witaj w moim świecie!

I tylko czasami, kiedy nikt nie patrzy, stajesz na wadze przed lustrem i sprawdzasz, czy nie przytyłaś. Bo choć wykonałyśmy kawał dobrej roboty, zdaje nam się, że nadal nosimy rozmiar czterdzieści cztery i czekamy, kiedy dopadnie nas efekt jo-jo. A dopadnie, bo zawsze tak się dzieje. W końcu nieraz byłyśmy już na restrykcyjnych dietach. Dlaczego tym razem ma być inaczej? Ano dlatego, że teraz raz na zawsze zamierzasz rozprawić się z mentalnym grubaskiem. Szczupli ludzie nie zastanawiają się, czy przytyją, i to nie dlatego, że nie tyją, tylko dlatego że nie myślą ciągle o jedzeniu. Jedzą produkty z listy tych, które kiedyś zaakceptowali i którą ich organizm sobie wprogramował. Kiedy zaczynają odczuwać głód, do ich mózgu dochodzą sygnały o chęci spożycia

Uwielbiam kawę i wiem, że nie chcę z niej rezygnować. Dlatego wprowadziłam ją na stałe do mojego menu, ale bez mleka krowiego.

czegoś z tej właśnie listy. Jeżeli od kilku miesięcy nie jesz mięsa, to kiedy dopadnie cię głód, nie będziesz miała ochoty na stek, tylko na coś, do czego przyzwyczaiłaś żołądek. Tak samo jest z małymi grzeszkami. Jeśli pozwalasz sobie na nie raz na jakiś czas, to twój organizm nauczy się, że wystarczy mu kawałek ciasta raz na piętnaście dni. Szczupli ludzie zdyscyplinowali swój mózg, dlatego łatwiej im utrzymać stałą masę ciała. Ja też tak chcę. Dlatego po wyjściu z postu obiecałam sobie, że tym razem wszystko będzie inaczej. Tak się sobie teraz podobam i tak bardzo jestem z siebie dumna, że ten stan bardziej mnie kręci niż niedozwolone jedzenie. I nie zamierzam się poddać.

Ale żeby wygrać, trzeba opracować skuteczny plan i wyłożyć wszystkie karty na stół. Uwielbiam kawę i wiem, że nie chcę z niej rezygnować. Dlatego wprowadziłam ją na stałe do mojego menu, ale bez mleka krowiego. Na razie nie jem nabiału (moje Hashimoto nie lubi go). Od czasu do czasu mam ochotę na ulubione lody ze słonym karmelem albo pączka, dlatego te grzeszki znalazły się na mojej liście i pozwalam sobie na nie raz na piętnaście dni. To wystarczy, zwłaszcza że świadomość, iż nie ma ich na mojej czarnej liście, sprawiła, że karmel przestał śnić mi się po nocach.

Ponadto zrobiłam listę produktów, które omijam szerokim łukiem.

Nie jem!

NA PIERWSZYM MIEJSCU JEST BIAŁY CUKIER RAFINOWANY

Dlaczego właśnie on? Bo słodycze z nim w składzie nie tylko mnie tuczą, ale także trują i sprawiają, że moja skóra szybciej się starzeje. Cukier powoduje nie tylko rozkład kolagenu, czyli głównego białka strukturalnego wspomagającego zdrowie skóry, ale także tkanki łącznej i układu naczyniowego. Poza tym cukier zakwasza i wywołuje stany zapalne w organizmie. I najważniejsze, „dokarmia" szkodliwe bakterie, hamując produkcję zapobiegających starzeniu hormonów w organizmie. Po czterdziestce o zmarszczkach myśli się często, szczególnie gdy pracuje się w telewizji, dlatego z cukru zrezygnowałam w pierwszej kolejności.

NABIAŁ

Jak mówi Kasia, „hashimotki" muszą bardziej niż inne kobiety dbać o siebie i unikać nabiału. Dzieje się tak, ponieważ produkty nabiałowe powstałe z mleka krowiego zawierają antybiotyki i sztucznie dodane hormony, które są tak silne, że zaburzają naturalną gospodarkę hormonalną organizmu. Poza tym nabiał zakwasza organizm, a to, jak wiadomo, nie służy urodzie.

ALKOHOL

To puste kalorie. Odwadnia organizm i zabiera mu składniki odżywcze. Ze względu na wypadek, w wyniku którego jako nastolatka przeszłam trepanację czaszki, unikam alkoholu jak ognia, bo podnosi ciśnienie krwi. Dlatego nie zobaczysz mnie z lampką czerwonego wina w dłoni. I zawsze to ja jestem kierowcą.

ŻYWNOŚĆ PRZETWORZONA

Mówię zdecydowanie „nie" żywności przetworzonej z wielotygodniowym terminem ważności. Po co mi takie źródło konserwantów, sztucznych barwników i chemicznych dodatków? Takie produkty obciążają organizm wolnymi rodnikami, czyli reaktywnymi cząstkami, które wykradają elektrony zdrowym cząsteczkom w naszym ciele. Poza tym produkty przetworzone mają wysoki indeks glikemiczny, a on przyczynia się do powstawania trądziku, zmarszczek i zaburzeń hormonalnych.

GLUTEN

Czy wiesz, że nie musisz być uczulona na gluten, by… i tak ci szkodził? Gluten to białka znajdujące się wielu ziarnach, między innymi pszenicy, życie i jęczmieniu, które odpowiadają za stany zapalne w organizmie, starzenie się i tycie. Ponadto osłabiają trawienie i wywołują szkodliwe reakcje układu odpornościowego.

POTRAWY SMAŻONE

To właśnie one zawierają tłuszcze trans. Olej podgrzany do wysokiej temperatury, a tak się dzieje podczas smażenia, jest kopalnią wolnych rodników, które powodują zmarszczki, stany zapalne i plamy wątrobowe.

Co je Karolina Szostak :)

Wystarczy tych zakazów,
teraz lista znacznie przyjemniejsza.

WĘGLOWODANY

Ale tylko złożone, zawarte w warzywach, ziarnach i roślinach strączkowych. Są idealnym źródłem energii dla organizmu i hamują powstawanie zmarszczek.

TŁUSZCZE

Są niezbędne, by błony komórkowe były silne, skóra nawilżona, a organizm pełen energii i gotowy do przyswajania składników odżywczych. Mówię oczywiście o tłuszczach roślinnych i tych, które zawierają kwasy omega-3. To ważne, bo organizm ludzki sam nie wytwarza tych kwasów.

BIAŁKA

Młoda jędrna skóra to taka, która ma sporo zapasu kolagenu, elastyny i keratyny. Ich idealnym źródłem jest wysokiej jakości białko, które znajdziesz nie tylko w mięsie, ale także w białku roślinnym. Dlatego warto jeść algi, kiełki, awokado, komosę ryżową, jajka od kur z wolnego wybiegu, groch.

CO DZIEJE SIĘ W ORGANIZMIE, GDY NIE ODŻYWIAMY SIĘ ZDROWO?

Szybciej się starzejemy, do czego przyczyniają się wolne rodniki (reaktywne cząstki tlenu, którym brakuje elektronu). Powstają przez kontakt z promieniowaniem UV, pestycydami, dymem papierosowym, a także z utlenionych tłuszczów, cukrów i... leków na receptę. To właśnie te małe cząstki uszkadzają komórki i kolagen. Dzieje się tak, ponieważ wolne rodniki, żeby przetrwać, „wykradają" elektron innym dobrym cząsteczkom w naszym organizmie (antyoksydantom). Dlatego tak ważne, by w organizmie nie było więcej wolnych rodników niż antyoksydantów. Jeżeli tak się dzieje, dochodzi do stresu oksydacyjnego, czyli obciążenia organizmu wolnymi rodnikami. Rosnący poziom stresu oksydacyjnego powoduje uszkodzenie DNA oraz spowolnienie funkcji mitochondriów (malutkich elektrowni w naszym organizmie), co daje błyskawiczny efekt, starzenie się skóry. Dlatego bardzo proszę, nie daj sobie wmówić, że za twój wygląd i zdrowie w większości odpowiadają geny. To nieprawda! Potwierdziły to wyniki najnowszych badań z genomiki żywienia (nauka łącząca dietę z genetyką), które dowodzą, że nasze geny możemy włączać i wyłączać przez jedzenie i styl życia. Ale żeby było jasne, nie możesz zmienić swoich genów, ale możesz zmienić sposób ich funkcjonowania. Dieta i styl życia aż w osiemdziesięciu procentach mają na nie wpływ. Do superantyoksydantów, które naprawiają uszkodzone DNA, należą dziki łosoś, pstrąg, krewetki, brukiew, granat.

Dlatego bardzo proszę, nie daj sobie wmówić, że za twój wygląd i zdrowie w większości odpowiadają geny.

A CO ZE STRESEM?

Stres niestety ma ogromny wpływ na prawidłowe funkcjonowanie organizmu i układu pokarmowego. Gdy się stresujemy, ściany jelit ulegają podrażnieniu, co doprowadza do stanów zapalnych. Stany zapalne natomiast upośledzają pracę kosmków jelitowych, które są odpowiedzialne za transport składników odżywczych w głąb ciała. Zapalenie niekorzystnie wpływa na pracę naczyń limfatycznych, a to bardzo źle, bo limfa odpowiada przecież za odtruwanie i usuwanie odpadów z organizmu. Źle pracująca limfa obciąża wątrobę, bo ta musi przejąć większość funkcji odtruwania organizmu. Dlatego ważna jest nie tylko walka ze stresem, co jak wiadomo nie jest łatwe, ale także oczyszczanie wątroby. Notabene jeżeli jesteś już po czterdziestodwudniowym poście, ten problem cię nie dotyczy. Wątroba produkuje żółć i oczyszcza krew z toksyn. Jest bardzo ważnym „odkurzaczem" naszego organizmu, który niestety bardzo często pracuje ponad siły, ponieważ musi oczyszczać także niepoprawnie funkcjonujący układ pokarmowy. A kiedy wątroba jest przeciążona, nie jest w stanie oczyścić krwi tak dobrze jak zazwyczaj. To właśnie wtedy zaczynamy mieć problemy ze skórą i pojawiają się stany zapalne. Dlatego pomoc wątrobie staje się bardzo ważna. W tym celu wystarczy jeść produkty z dobrej listy i odtruwać wątrobę, pijąc codziennie rano wodę z cytryną i imbirem.

OTO MOJA ZŁOTA LISTA PRODUKTÓW DOZWOLONYCH:

ananas
arbuz
awokado
banan
bataty
borówki
brokuły
brukselka
brzoskwinia
burak
cebula
cieciorka
cukinia
cykoria
cytryna
czereśnie
czerwona kapusta
czosnek
dynia
dziki łosoś
fasolka szparagowa
figi
gotowane
mięso cielęce
granat
grejpfruty
groszek
imbir
jabłka
jarmuż
kakao
kalafior
kalarepa
kapusta kiszona
karczoch
kasza gryczana
kasza jaglana
kasza pęczak
kiełki
kiwi
kokos
komosa ryżowa
maliny
marchewka
mleko migdałowe
morele
nasiona chia
olej kokosowy
lniany
oliwa z oliwek
orzechy włoskie
papaja
papryka
pestki dyni
płatki jaglane
płatki owsiane
pomarańcze
pomidor
por
rukola
ryby
rzepa
rzeżucha
rzodkiewka
sałata
sardynki
seler
siemię lniane
soczewica
spirulina
szparagi
szpinak
śliwki
truskawki
winogrona
wiśnie
ziemniaki
żurawina

Lista ta nieustannie się powiększa, ale tylko o zdrowe produkty.

Przepisy

Pamiętajcie, kochane, że od teraz przez kolejne czterdzieści dwa jecie tylko wyznaczone owoce i warzywa. Zero tłuszczu! Nawet zupy gotujemy bez masła. Cebuli też nie smażymy na oliwie z oliwek, ani żadnym innym tłuszczu. Nawet tym zdrowym! Oprócz tego bardzo ważne jest, żeby przez ten czas jeść dużo kiszonek, a każdy poranek zaczynać od szklanki ciepłej wody z cytryną, a potem zakwasu z buraków na zmianę z sokiem z kiszonej kapusty. Tak, wiem, przez kilka pierwszych dni też się krzywiłam, ale teraz tak mi oba soki smakują, że nadal piję je codziennie, choć teoretycznie już nie muszę. To dzięki nim podczas postu będziesz miała mniejsze problemy ze wzdęciami i wypróżnianiem. Lista produktów dozwolonych podczas czterdziestu dwóch dni nie jest długa, ale można to przetrwać i nawet wprowadzić pewne urozmaicenia. Poniżej podaję przepisy na dania, które w tym czasie jadłam. Nie będę cię oszukiwać, że sama je gotowałam. Nie, ja korzystałam z cateringu pudełkowego „Przełom w odżywianiu", ale Kasia, właścicielka firmy, zdradziła nam, jak je zrobić. Czyli dokładne przepisy ze zdjęciami potraw podajemy wam na tacy. Teraz każda z nas w domowym zaciszu może przygotować sobie własne pudełka. Ja też!

Powodzenia i *bon appétit*!

ZAKWAS z BURAKÓW

1 kilogram buraków
2 litry przegotowanej wody
3 łyżeczki soli
3 ząbki czosnku
skórka chleba razowego
kamienny garnek lub duży, 3-litrowy słoik

Do kamiennego garnka lub słoika wrzucić umyte, obrane i pokrojone w plastry buraki, i zalać je wodą. Następnie dodać płaskie łyżeczki soli, ząbki czosnku i zawiniętą w gazę skórkę chleba razowego. Garnek przykryć gazą i trzymać w ciepłym miejscu. Po trzech dniach wyjąć skórkę, aby nie gniła, i soku używać do picia lub zupy. Resztę przelać przez gazę do butelek, zakręcić. Przechowywać w lodówce. Zużyć w ciągu miesiąca.

SOK
z KAPUSTY

główka kapusty białej
łyżeczka soli

Sok z kiszonej kapusty można zrobić w domu. Potrzebujemy do tego główki kapusty. Kapustę obieramy z zewnętrznych liści i kroimy na kawałki, a następnie trzemy je na tarce o grubych oczkach lub blendujemy. Otrzymaną masę przekładamy do litrowych słoików.
Słoiki z kapustą od połowy objętości uzupełniamy wodą i dosypujemy łyżeczkę soli, zakręcamy.

Po upływie tygodnia możemy już pić pyszny i zdrowy sok z kiszonej kapusty.

KAPUSTA KISZONA
Z JABŁKIEM PLUS GREJPFRUT

3 garści kapusty kiszonej, jabłko, grejpfrut, 2 garści rukoli, sól, pieprz

Kapustę kiszoną wymieszać z umytym, albo pokrojonym, albo startym na tarce jabłkiem. Posolić, doprawić pieprzem. Na drugim talerzu rozsypać umyte liście rukoli i położyć na nich pokrojony w plastry grejpfrut. Połączenie kwaśnej kapusty z gorzkim grejpfrutem ma swój urok. Serio!

SURÓWKA
Z OGÓRKA MAŁOSOLNEGO PLUS MAKARON Z CUKINII

3 ogórki małosolne, koperek, jabłko, cukinia, 2 liście jarmużu, 2 liście dowolnej sałaty

Cukinię umyć, pokroić za pomocą obieraczki do julienne. Dzięki temu uzyskamy cienkie słupki i paski, które wyglądają jak nitki makaronu. Zalać je gorącą wodą, żeby odrobinę zmiękły, doprawić przyprawami. Ogórek małosolny i jabłko pokroić w kostkę, zmieszać z poszarpanymi liśćmi jarmużu i sałaty. Całość posypać koperkiem.

SURÓWKA z KISZONYCH BURAKÓW, SAŁATA KARBOWANA Z RZODKIEWKĄ

Ta surówka jest propozycją na to, co zrobić z burakami z zakwasu. Sok przelewamy do butelki i pijemy codziennie rano. A co zrobić z burakami? Wyrzucić je? Nie, one nadal mają bardzo dużo wartości odżywczych i są pyszne.

szklanka buraków kiszonych
jabłko
cebula
sok z połówki cytryny
sól, pieprz

Buraki i umyte obrane ze skórki jabłko zetrzeć na tarce, dodać pokrojoną w piórka cebulę.
Całość pokropić sokiem z cytry i doprawić.

SAŁATA KARBOWANA Z RZODKIEWKĄ

sałata karbowana
kilka rzodkiewek
sól, pieprz

Sałatę umyć, poszarpać na kawałki i dodać umytą, pokrojoną w kostkę rzodkiewkę. Posolić, doprawić pieprzem.

GRILLOWANA PAPRYKA PLUS SURÓWKA Z CUKINII

papryka żółta
papryka zielona
papryka czerwona
mała cukinia
kilka rzodkiewek
ogórek
sól, pieprz, cytryna

Papryki umyć, usunąć gniazda nasienne i pokroić w paseczki. Grillować na przeznaczonej do tego patelni. Żeby się nie przypaliły, polać odrobiną wody. W poście doktor Dąbrowskiej nie używamy tłuszczów, więc nie można na tym etapie kuracji dodać odrobiny masła ani oliwy z oliwek. Gotowe, lekko miękkie papryki doprawiamy przyprawami.

Cukinię pokroić obieraczką do julienne w cienkie paski, dodać pokrojoną w kostkę rzodkiewkę i ogórka. Całość doprawić solą, pieprzem i sokiem z cytryny.

Domaine de
contrôlée
la propr

SURÓWKA Z CZERWONEJ KAPUSTY I JABŁKA

pół główki czerwonej kapusty
cebula
jabłko
marchewki
sól, pieprz

Kapustę poszatkować i zalać gorącą wodą. Lekko ją poddusić, żeby nie była taka twarda. Jabłko i marchewkę umyć, obrać i zetrzeć na tarce. Marchewkę na grubych oczkach. Cebulę obrać i pokroić w kostkę. Całość doprawić solą i pieprzem.

Kapusta czerwona, zwana też modrą, jest bardzo dobrym źródłem sodu, potasu, magnezu, wapnia, żelaza, siarki, miedzi, cynku, fosforu, fluoru, chloru, jodu, karotenów oraz witamin E, K, B_1, B_2, B_6, C. Poza tym duża zawartość siarki wpływa korzystnie na kondycję skóry, włosów, paznokci.

SURÓWKA z KALAREPY

kalarepa
zielony ogórek
papryka czerwona
jabłko
kilka liści szpinaku baby
sól, pieprz

Kalarepkę, ogórka i jabłko umyć, obrać i pokroić w kostkę. Dodać nieduże paski papryki. Całość doprawić i na koniec posypać kilkoma liśćmi szpinaku.

Prosto, szybko i jak miło…

Czy wiecie, że zjedzenie codziennie papryki pokrywa około 600 procent dziennego zapotrzebowania na witaminę C? Poza tym papryka to źródło witaminy B, która wpływa korzystnie na włosy.

SURÓWKA Z RZEPY, PLASTRY GREJPFRUTA

pół małej główki kapusty czerwonej
pół białej rzepy
pół cebuli czerwonej
sól, pieprz
grejpfrut

Kapustę poszatkować i zalać na 5 minut gorącą wodą. Białą rzepę obrać ze skórki i obieraczką do julienne pokroić w paseczki. Odcedzić kapustę, zmieszać ją z rzepą i pokrojoną w piórka cebulą. Całość doprawić solą i pieprzem. Grejpfruta sparzyć, wyszorować, obrać, a następnie pokroić na plastry i podać w oddzielnej miseczce.

Grejpfrut to jeden z dwóch owoców, które można jeść podczas postu doktor Dąbrowskiej. Przyznam, że wcześniej nie przepadałam za nim. Ale teraz smaki mi się zmieniły. Nie bez znaczenia jest fakt, że grejpfrut to źródło likopenu, który chroni skórę przed uszkodzeniem w wyniku promieniowania UV. Działa także oczyszczająco i pomaga w odtruwaniu wątroby.

SAŁATKA Z BROKUŁA

mały brokuł
2 pomidory
mała sałata
½ cytryny

Brokuł umyć i gotować na parze, ale tylko przez 4 minuty. Umyte pomidory zalać gorącą wodą, po chwili obrać i pokroić na ćwiartki. Wszystkie składniki wymieszać, doprawić solą i pieprzem. Skropić sokiem z cytryny.

TARTE BURACZKI KISZONE

miseczka buraków kiszonych z zakwasu buraczanego
½ cebuli
sól
pieprz

Buraczki zetrzeć na tarce i wymieszać z cebulą pokrojoną w piórka. Doprawić solą i pieprzem.

SAŁATKA z GREJPFRUTEM Z SOSEM Z MIĘTY

kalarepka
jabłko
grejpfrut
2 garści szpinaku
4 listki mięty
pół cytryny

Kalarepkę umyć, obrać ze skórki. Jabłko umyć. Grejpfrut sparzyć, wyszorować, obrać. Posypać szpinakiem i na koniec polać sosem (woda, cytryna, drobno pokrojone listki mięty).

Kalarepka nie tylko świetnie smakuje (dzięki postowi przypomniałam sobie o tym warzywie), lecz także jest bardzo zdrowa. Jest w niej mnóstwo glukozynolanów – substancji fitochemicznych odpowiedzialnych między innymi za hamowanie zmarszczek, zmniejszanie stanów zapalnych i zaczerwienienia spowodowanego promieniowaniem UV.

SAŁATKA
z OGÓRKIEM KISZONYM

4 ogórki kiszone
2 garści rukoli
pomidor
garść szpinaku
cebula
pieprz

Wszystkie składniki kroimy w kostkę, mieszamy z rukolą i szpinakiem i doprawiamy pieprzem.

W trakcie postu doktor Dąbrowskiej ważne jest, żeby jeść mnóstwo kiszonek.

Dlatego ogórki kiszone i kapusta kiszona (NIE KWASZONA! Kwasi się ją, zalewając octem lub z dodatkiem konserwantów), zawierają naturalne probiotyki. Te produkty są fermentowane, czyli zaczęły się rozkładać przy udziale naturalnych grzybów i bakterii. A to sprawia, że jedząc je, dostarczamy do swojego organizmu mnóstwo przyjaznych bakterii.

SURÓWKA z SELEREM NACIOWYM

pół opakowania roszponki
3 łodygi selera naciowego
jabłko
papryka żółta
sól, pieprz

Seler naciowy, obrane jabłko i paprykę pokroić w kostkę, zmieszać z roszponką i doprawić.

Seler naciowy to idealna przekąska dla osób na diecie (5–7 kcal w 100 gramach!), ale ponadto ma inne cudowne właściwości. Świetnie usuwa toksyny z organizmu, oczyszczając go, zapobiega powstawaniu zaparć.

SURÓWKA Z BIAŁEJ KAPUSTY Z KOPERKIEM

pół główki kapusty
koperek
sól, pieprz
pół cytryny

Kapustę poszatkować i na 5 minut zalać wrzątkiem. Odcedzoną, lekko miękką kapustę posypać koperkiem, doprawić przyprawami i pokropić sokiem z cytryny.

SAŁATKA RZODKIEWKOWA

kilka liści wybranej sałaty
rzodkiew biała
kilka rzodkiewek
łodyga selera naciowego
pomidor
sól, pieprz

Liście sałaty poszarpać, białą rzodkiew obrać i zetrzeć na tarce, rzodkiewki pokroić w kostkę, tak samo seler naciowy. Całość zmieszać i doprawić. Na wierzch położyć cząstki pomidora. Smacznego!

KISZONA KAPUSTA
PLUS POMIDORY ZE SZCZYPIORKIEM

Kapusta jest tak zdrowa, że warto robić ją samemu!

5 kg białej kapusty
10 dkg soli
5 marchewek
opcjonalnie: koper, łyżka kminku

Kapustę poszatkować, dodać startą na tarce marchewkę, łyżeczkę kminku i sól. Całość wymieszać i ugnieść w kamiennym garnku, aż sok pokryje powierzchnię. Przykryć talerzykiem, obciążyć na przykład słojem z wodą i przykryć gazą. (Można też kupić specjalne plastikowe wiaderko z pokrywką do kiszenia kapusty). Pozostawić w ciepłym pomieszczeniu. Po trzech dniach kapustę nakłuć drewnianym trzonkiem, aby upuścić gaz. Następnie znów ucisnąć i przenieść w chłodne miejsce. Kisić około trzech tygodni w temperaturze pokojowej, codziennie przebijając kapustę tłuczkiem, aby się odgazowała.

2 pomidory
szczypiorek
sól, pieprz

Pomidory należy obrać ze skórki, zalewając je gorącą wodą, pokroić w ćwiartki i posypać umytym, drobno pokrojonym szczypiorkiem. Na koniec doprawić solą i pieprzem.

PIECZONE JABŁKA
Z CYNAMONEM

2 jabłka, płaska łyżeczka cynamonu

Jabłka należy umyć, przekroić na pół, posypać obficie cynamonem. Przełożyć do żaroodpornego naczynia wysmarowanego masłem i piec w piekarniku 10–15 minut w temperaturze 150 stopni Celsjusza.

Jeszcze o cynamonie! Nie każdy wie, że przyprawa ta jest sprzymierzeńcem odchudzania. Cynamon przyspiesza przemianę materii, poprawia proces trawienia oraz reguluje pracę nerek. A oprócz tego oczyszcza organizm i pomaga w pozbyciu się zbędnych kilogramów.

PLASTRY GREJPFRUTA NA SZPINAKU

grejpfrut czerwony
grejpfrut biały
garść szpinaku

Grejpfruty obrać, pokroić w plasterki i ułożyć na liściach umytego szpinaku.

Jak myślicie, w których częściach grejpfruta kryje się najwięcej mocy? Niestety, w tych najbardziej gorzkich, czyli białych błonkach i pestkach. Dlatego zanim dokładnie oczyścisz grejpfruta ze skórki, zastanów się, czy warto pozbawiać go prawie połowy jego cudownych właściwości.

SURÓWKA z KAPUSTY PEKIŃSKIEJ

kapusta pekińska
ogórek zielony
2 ogórki kiszone
2 pomidory
pół cebuli
sól, pieprz

Ogórki umyć, obrać, pokroić w kostkę, pomidory po sparzeniu wrzątkiem i obraniu ze skórki – w ćwiartki, cebulę – w drobną kosteczkę. Wszystkie składniki wymieszać z drobno pokrojoną kapustą pekińską i doprawić solą oraz pieprzem.

W trakcie postu doktor Ewy Dąbrowskiej należy jeść dużo surowych warzyw i owoców. To właśnie one są bogate w aktywne enzymy i biokatalizatory, a wśród nich około 10 tysięcy antyoksydantów, między innymi polifenoli, likopenu, witaminy C, E, beta-karotenu. Zawierają także chlorofil, mikroelementy i błonnik. Przeważnie jedzenie samych surowych warzyw i owoców na początku prowadzi do zaparć, wzdęć i bólów brzucha. Dlatego jeżeli objawy nie miną po kilku dniach, trzeba zastosować wersję gotowaną diety. Ja stosowałam obie. Do południa jadłam najczęściej surowe warzywa i owoce, a po południu zupy i warzywa duszone lub na parze.

DUET KALAFIOROWO--BROKUŁOWY

5 różyczek kafafiora, 5 różyczek brokuła, 2 pomidory, przecier pomidorowy, sól, pieprz, majeranek, oregano

Kalafiora i brokuła umyć, podzielić na różyczki i gotować w wodzie ze szczyptą soli (4 minuty, mają być twardawe). Pomidory sparzyć wrzątkiem, a po chwili zdjąć z nich skórkę. Następnie razem z kalafiorem i brokułami dusić w przecierze pomidorowym 6 minut. Pod koniec doprawić przyprawami.

JARZYNOWE LECZO

cebula, ½ pora, kabaczek/cukinia, 2 papryki, puszka pomidorów, szczypta soli, 2 ząbki czosnku, 2 liście laurowe, ziele angielskie, szczypta pieprzu

Cebulę obrać i pokroić w kostkę, pora oczyścić, umyć i pokroić w półtalarki. Posolić, doprawić pieprzem, dodać liść laurowy, ziele angielskie, czosnek. Całość zalać wrzątkiem i gotować 5 minut. Następnie do gotującej się wody dorzucić pokrojone w kostkę paprykę i kabaczka i dalej dusić na małym ogniu. Doprawić. Pycha!

PEPERONATA
PLUS PIECZONA DYNIA Z ZIOŁAMI

2 czerwone papryki
papryka żółta
cebula
przecier pomidorowy
sól pieprz
kawałek dyni piżmowej
dowolne zioła

Papryki i cebulę pokroić w kostkę i dusić w przecierze pomidorowym na małym ogniu do miękkości. Pod koniec doprawić solą i pieprzem.

Dynię obrać ze skóry, pokroić w większą kostkę i posypać ulubionymi ziołami (majeranek, oregano, tymianek, chilli, czarnuszka, papryka wędzona). Ułożyć w naczyniu żaroodpornym i piec około 15 minut w piekarniku rozgrzanym do 250 stopni Celsjusza.

Pieczona dynia idealnie komponuje się z peperonatą. Oczywiście dania podajemy na dwóch oddzielnych talerzach.

DUSZONA BIAŁA KAPUSTA PLUS POMIDOR MALINOWY Z CZERWONĄ CEBULKĄ

główka kapusty
jabłko
cebula
sól
pieprz
majeranek
kminek

Małą główkę kapusty poszatkować i wrzucić do gotującej się wody na mniej więcej 20 minut. Po 10 minutach dodać pokrojone w drobną kostkę jabłko i cebulę. Całość doprawić.

pomidor malinowy
pół czerwonej cebuli
sól
pieprz

Na umytym pomidorze zrobić nożem dwa nacięcia, następnie zalać go wrzącą wodą i obrać ze skórki. Pokroić w plastry i wymieszać z pokrojoną w piórka cebulą. Dodać sól, pieprz.

PIECZONE BURAKI, FRYTKI Z PIETRUSZKI

3 buraki, 3 pietruszki, pół cebuli, marchewka, sól, pieprz, zioła, (może być np: chilli)

Buraki umyć, obrać ze skórki, pokroić w paseczki i piec w piekarniku nagrzanym do 180 stopni Celsjusza około pół godziny. Po 15 minutach pieczenia dorzucić pokrojoną w paski cebulę. Pietruszki i marchewkę umyć, obrać, pokroić w paski i posypać ulubionymi przyprawami. Ja lubię zioła prowansalskie albo chilli. Frytki piec razem z burakami około 20 minut. Całość jest tak smaczna, że można zapomnieć, iż jest się na poście.

DANIE À LA BIGOS PLUS MINIMARCHEWKI Z TYMIANKIEM

2 cebule, kg kapusty kiszonej, jabłko, przecier pomidorowy, 2–3 ząbki czosnku, duża szczypta soli, przyprawy do smaku, (majeranek, kminek, liść laurowy, tymianek), mrożone minimarchewki

Cebulę obrać, pokroić w kostkę i gotować w małej ilości wody, następnie dodać do niej pokrojoną kapustę kiszoną. Po około 20 minutach gotowania dodać pokrojone kwaśne jabłko, przecier pomidorowy i przyprawy. Całość jeszcze chwilę gotować.

Ugotować marchewki i posypać je tymiankiem.

GULASZ Z DYNI
PLUS MIKS SAŁAT Z PESTO Z PIETRUSZKI

3 plastry dyni piżmowej
cebula
mała cukinia
marchewka
pietruszka
gałązka selera naciowego
kalarepka
przecier pomidorowy
sól, pieprz, czosnek

Wszystkie składniki poza cebulą obrać i pokroić w drobną kostkę. Zalać przecierem pomidorowym i dusić na wolnym ogniu do miękkości. Tymczasem obrać i pokroić w piórka cebulę, czosnek (w plasterki) i dodać do gulaszu. Doprawić przyprawami i ziołami według uznania.

opakowanie mieszanki sałat
woda
sok z cytryny
pietruszka
sól, pieprz

Mieszankę umyć, osączyć. Polać sosem z odrobiny wody, soku z cytryny i drobno posiekanej pietruszki – powstanie nam pesto. Doprawić.

DUSZONA KAPUSTA CZERWONA

SURÓWKA Z DYNI

główka kapusty czerwonej, duża cebula, szklanka soku z jabłek, łyżka soku z cytryny, sól, pieprz

Kapustę poszatkować, cebulę obrać, pokroić w kostkę i lekko poddusić na patelni. Wlać sok jabłkowy. Doprawić solą i pieprzem.

Całość dusić 30–40 minut pod przykryciem, aż warzywa staną się miękkie. Na koniec wlać sok z cytryny i doprawić.

LECZO Z WARZYW, OGÓREK KISZONY Z CEBULKĄ

2 papryki czerwone, 2 papryki żółte, cebula, przecier pomidorowy, sól, pieprz

Pokroić w kostkę cebulę i papryki pozbawione gniazd nasiennych. Następnie cebulę lekko podgrzać na patelni (uwaga, żeby jej nie podsmażyć) i dodać do niej paprykę. Całość podlać przecierem pomidorowym i dusić na wolnym ogniu do miękkości. Pod koniec doprawić leczo solą i pieprzem.

SURÓWKA z OGÓRKÓW KISZONYCH

3 ogórki kiszone
pół cebuli
jabłko

Jabłko, cebulę i ogórki kroimy w kostkę. Gotowe!

SURÓWKA z DYNI

cząstka dyni
2 marchewki
ulubione zioła

Pokrojoną w kostkę dynię i marchewki posypać ziołami i piec około 15 minut w piekarniku nagrzanym do temperatury 120 stopni Celsjusza.

PIECZONE WARZYWNE TALARKI, SURÓWKA Z PORA I JABŁKA

cukinia
2 marchewki
czerwona papryka
2 pietruszki
garść rukoli
sól, pieprz, ulubione zioła

Cukinię, paprykę i obraną marchew i pietruszkę pokroić w talarki. Doprawić solą, pieprzem, ulubionymi ziołami. Piec 15–20 minut w piekarniku nagrzanym do temperatury 150 stopni Celsjuszy. Po upieczeniu zmieszać z rukolą.

surówka
por
2 jabłka
pół cebuli
sól, pieprz

Pora i cebulę kroimy w piórka. Jabłka ścieramy na tarce. Całość mieszamy i doprawiamy przyprawami.

PIECZONE CZĄSTKI JABŁKA Z CHILLI

2 jabłka
dwie szczypty chilli

Jabłka obrać i pokroić w księżyce. Włożyć je do naczynia żaroodpornego i posypać dwiema szczyptami chilli. Piec 10 minut w piekarniku nagrzanym do temperatury 150 stopni Celsjusza.

Pieczone jabłka z chilli wielokrotnie uratowały mnie, kiedy miałam ochotę na coś słodkiego. Były ciekawą alternatywą dla jabłek w cynamonie (uwielbiam je!). Często, gdy jadłam je na deser, wyobrażałam sobie, że jem szarlotkę. Teraz też tak oszukuję swoje kubki smakowe. Smakują podobnie, a porcja ma tylko około 100 kcal.

SURÓWKA z MARCHWI i JABŁKA

3 marchewki, jabłko, pół cytryny, sól, pieprz

Marchewkę umyć, obrać i zetrzeć na tarce o drobnych oczkach, tak samo jabłko. Całość pokropić sokiem z cytryny i doprawić solą i pieprzem.

Surówka bardzo łatwa do wykonania, (nawet ja robię ją bezbłędnie;) i przepis dobrze wszystkim znany. Idealnie nadaje się na szybką przekąskę, kiedy między posiłkami dopada nas straszny głód. Najlepsze w smaku, bo soczyste i słodkie, są marchewki ekologiczne, od rolnika.

ZUPA POMIDOROWA

4 marchewki, kawałek selera, 2 pietruszki, mała czerwona papryka, puszka pomidorów, 15 pomidorków koktajlowych

Warzywa umyć, obrać i pokroić w kostkę. Wrzucić do gorącej wody i gotować przez 15 minut. Następnie dodać pomidorki, pomidory z puszki i przecier pomidorowy. Całość zblendować oraz doprawić solą i pieprzem.

SAŁATKA z KALAFIOREM

5 różyczek kalafiora
5 różyczek brokuła
czerwona cebula
pół opakowania mieszanki sałat
sól i pieprz

Kalafior z brokułem gotujemy na parze na półmiękko. Cebulę kroimy w piórka. Wszystkie składniki mieszamy z sałatą i doprawiamy solą oraz pieprzem.

Jeżeli ktoś nie lubi kalafiora, to może do jedzenia go przekona go fakt, że to warzywo ma w sobie wiele mocy upiększających. Dzieje się tak, ponieważ kalafior zawiera bardzo dużo przeciwutleniaczy, z sulforafanem na czele. On zaś uruchamia w naszym organizmie produkcję przeciwdziałającego starzeniu i odtruwającego glutationu (organicznego związku chemicznego o właściwościach przeciwutleniających).

SAŁATKA OWOCOWA

grejpfrut
jabłko
sałata

Pokrojone w kostkę grejpfrut i jabłko zmieszać z porwaną na kawałki sałatą.

Podczas postu je się głównie warzywa, dlatego każda ilość słodyczy z owoców, nawet grejpfruta, jest na wagę złota. Powinniśmy je jednak zjadać w pierwszej połowie dnia, kiedy enzymy trawienne są najbardziej aktywne, jedzenie owoców na kolację może skutkować wzdęciami. Ważne jest też, by jeść owoce najlepiej pół godziny przed posiłkiem (owoce trawią się do pół godziny). Kiedy jemy je po posiłku, zaczynają fermentować w przewodzie pokarmowym, co powoduje wzdęcia.

KREM
z BROKUŁA

brokuł
2 pietruszki
¼ selera
pół pora
marchewka
sól, pieprz
przyprawy
pęczek natki pietruszki

Brokuła podzielić w różyczki i wrzucić do gotującej się wody. Pietruszkę i selera obrać i pokroić drobno. Pora pokroić w talarki. Wszystkie składniki gotować około 20 minut. Następnie zblendować i doprawić przyprawami. Posypać posiekaną natką pietruszki.

Gdyby nie to, że właśnie jesteśmy na poście doktor Dąbrowskiej, dolałabym do zupy trochę oleju lnianego oraz posypała krem czarnuszką, sezamem i ziarnami słonecznika. Tak zrobię, jak tylko skończę kurację. Pamiętajcie, unikamy zdrowych tłuszczy tylko na poście. Po nim jemy je codziennie, zwłaszcza kwasy omega-6 i omega-3 są niezbędne dla naszego zdrowia i urody!

MUS JABŁKOWO-DYNIOWY

2 jabłka
3 grubsze plastry dyni
cynamon

Dynię i jabłka pokroić w kostkę i dusić w wodzie na wolnym ogniu, aż zmiękną. Całość zmieszać, zblendować i posypać cynamonem (może być nawet pół łyżeczki).

Cynamon to cudowna przyprawa, która jest bardzo łaskawa dla naszych szarych komórek – usprawnia dopływ krwi do mózgu, dzięki temu komórki są lepiej dotlenione i odżywione. Mamy lepszą koncentrację i pamięć. Poza tym cynamon jest wspaniałym źródłem wapnia, żelaza i manganu. Pobudza trawienie, zaopatruje organizm w błonnik pokarmowy, zapobiega nadkwaśności i odmładza skórę. A wszystko dzięki zawartości przeciwutleniaczy. Dlatego skutecznie eliminuje z organizmu wolne rodniki i spowalnia procesy starzenia się. Do dziś naukowcy odkryli i opisali aż 41 związków o działaniu antyoksydacyjnym zawartych w tej przyprawie – posiada ich więcej niż czosnek, oregano, tymianek czy rozmaryn!

SZASZŁYKI
Z BRUKSELKĄ

15 brukselek
15 pomidorków koktajlowych
8 rzodkiewek
koperek
15 patyczków do szaszłyków

Brukselkę po umyciu ugotować w wodzie ze szczyptą soli, rzodkiewkę umyć i przekroić na pół. Wszystkie składniki nabić na patyczek do szaszłyków, zaczynając od brukselki, i tak naprzemiennie. Gotowy szaszłyk posypać posiekanym koperkiem.

Wiem, że nie wszyscy przepadają za brukselką, ja też nie uważam jej za ulubione warzywo, jednak jem ją bardzo często, bo wiem, że zawiera bardzo dużo sulforafanu, silnego przeciwutleniacza, który chroni przed rakiem piersi, płuc i jelita grubego. Ma także właściwości antybakteryjne i odmładzające. Jednak jest jedno ale... Brukselki nie można gotować dłużej niż 4 minuty, a najlepiej jeść ją surową. W takiej postaci jest najzdrowsza.

ZUPA OGÓRKOWA

5 ogórków kiszonych
marchew
ćwiartka selera
pół pora
pietruszka
cebula
czosnek
sól
pieprz
cząber
pęczek natki pietruszki

Ogórki, marchew, seler, pietruszkę zetrzeć na tarce o dużych oczkach, pora i cebulę pokroić w talarki. Wszystkie składniki wrzucić do gorącej wody i gotować około 15 minut.Doprawić przyprawami. Jeżeli zupa nie będzie wystarczająco kwaśna, można dodać filiżankę wody z ogórków.

KREM z BIAŁYCH WARZYW

4 pietruszki
pół selera
mała marchew
pół pora
sól, pieprz

Wszystkie warzywa umyć, obrać, pokroić w kostkę i gotować w gorącej wodzie około 20 minut. Następnie całość zblendować i doprawić solą.

Lubię tę zupę, bo czuję w niej słodki smak pietruszki. Poza tym wiem, że warto jeść pietruszkę, bo jest bogata w składniki odżywcze, takie jak witamina B_{12}, beta-karoten, witamina C, fluor, kwas foliowy, witamina K, chlorofil, wapń, żelazo i niezbędne kwasy tłuszczowe. I ten smak!

RISOTTO Z KALAFIORA Z SOSEM POMIDOROWYM PLUS SURÓWKA Z OGÓRKA

kalafior
cebula
2 ogórki kiszone
przecier pomidorowy (najlepiej własnej roboty)
sól, pieprz

Surowego kalafiora po umyciu zetrzeć na tarce o drobnych oczkach. Cebulę pokroić w drobną kostkę, Całość zalać przecierem pomidorowym, doprawić solą i pieprzem i dusić na wolnym ogniu około 5 minut. Na koniec dodać pokrojonego w kostkę ogórka kiszonego.

SURÓWKA Z OGÓRKA

ogórek
pół opakowania mieszanki sałat
papryka czerwona
sok z połowy cytryny
sól, pieprz

Ogórka i paprykę pokroić, dodać do sałaty i polać sokiem z cytryny. Przyprawić do smaku.

BARSZCZ
CZERWONY

4 buraki, ¼ kapusty, marchewka, pietruszka, kawałek selera, pół pora, ząbek czosnku, sól, pieprz, zioła, ziele angielskie, listek laurowy

Na grubej tarce zetrzeć 4 spore buraki, marchewkę, pietruszkę, seler. Pokroić w paseczki kapustę i pora. Dodać czosnek, sól, ziele angielskie i listek laurowy Całość gotować około 15 minut. Gdy barszcz jest ugotowany, dolać zakwas buraczany, aby poprawić kolor i smak.

SURÓWKA z PAPRYKI

papryka zielona, papryka żółta, papryka czerwona, 3 ogórki kiszone

Papryki pokroić w słupki, ogórki – w kostkę. Całość wymieszać. Surówka szybka, zdrowa i pyszna.

BROKUŁ
PODANY NA RUKOLI Z SOSEM CZOSNKOWYM

mały brokuł
pół opakowania rukoli
2 pietruszki
3 ząbki czosnku

Ugotowany brokuł układamy na rukoli i polewamy sosem z czosnkowym (ugotowaną pietruszkę miksujemy z trzema ząbkami czosnku).

KREM Z KALAFIORA, CHIPSY JARMUŻOWE

kalafior
2 pietruszki
ćwiartka selera
marchewka
pół pora
sól
pieprz
kilka liści jarmużu

Pietruszkę, marchew, seler umyć, obrać i pokroić w kostkę. Gotować z kawałkami pora 10 minut. Do wywaru dorzucić różyczki kalafiora i gotować całość przez 6 minut. Następnie warzywa zblendować i doprawić solą oraz pieprzem. Posypać chipsami jarmużowymi.

CHIPSY JARMUŻOWE

Poszarpać jarmuż na małe kawałki, posypać ulubionymi przyprawami i ziołami (fajnie smakują z chilli albo cynamonem) i włożyć na 6–8 minut do piekarnika nagrzanego do temperatury 120 stopni Celsjusza. Gotowe!

WYJŚCIE Z POSTU!

DIETA OCZYSZCZAJĄCA

Hurra! Udało się! Wiedziałam, że tak będzie... Przetrwałaś czterdzieści dwa dni postu doktor Ewy Dąbrowskiej. Teraz będzie już tylko lepiej. Czujesz moc, wyglądasz bosko i nie ma dla ciebie rzeczy niemożliwych. I tak właśnie jest.

Dlatego nie będziesz miała problemów, żeby przejść przez etap wyprowadzania z postu. Są to bardzo ważne trzy tygodnie! Pominięcie tego okresu kończy się efektem jo-jo i ponownym zanieczyszczeniem organizmu, nie wspominając o problemach żołądkowych. Usiądź na chwilę, droga czytelniczko, i posłuchaj. Wiem, że jesteś bardzo szczęśliwa i bardzo... głodna. Masz ochotę na wszystkie smaki, których tak dzielnie unikałaś podczas postu. A nawet jesteś święcie przekonana, że należy ci się nagroda i możesz bezkarnie raz sobie pofolgować. Ale lepiej, żebyś się powstrzymała. Jeśli natomiast całą sobą pragniesz zgrzeszyć (ja od razu po poście musiałam zjeść frytki, a Marta lody czekoladowe), zrób to. Pamiętaj jednak, że miał być jeden jedyny raz. Pozwól sobie na małą nagrodę i od razu wypij dużo wody, a na kolację zjedz kapustę kiszoną, która sprawi, że szybciej oczyścisz organizm z toksyn. Następnie przygotuj sobie plan działania.

Przed Tobą dwadzieścia jeden dni wychodzenia z postu. W pierwszym tygodniu nadal możesz jeść owoce i warzywa, ale już wszystkie, o jakich sobie zamarzysz. I możesz wypić espresso. Polecam jednak kontynuowanie zdrowego nawyku polegającego na rozpoczynaniu dnia szklanką wody z cytryną, a później zakwasu z buraków. Niech te dwie czynności wejdą ci w krew. Wierz mi, po dwóch

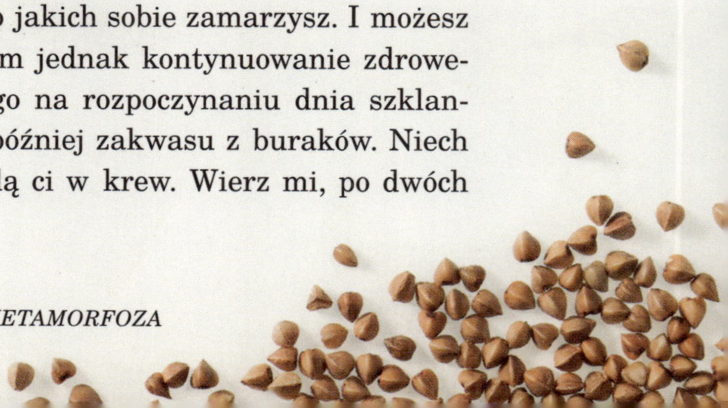

miesiącach systematycznego picia tych płynów zauważysz ogromną różnicę w swoim wyglądzie i zdrowiu. I o dziwo, wcale nie będziesz miała ochoty witać dnia kawą. Nie zapomnij jednak, że wartość odżywcza wszystkich posiłków nie może przekroczyć 800 kcal.

W drugim tygodniu do warzyw i owoców dodaj trochę kaszy i ziaren. Możesz też w końcu do zupy wlać łyżkę zdrowego oleju. Dzienna dawka kalorii to 1200 i nie można jej przekroczyć.

TRZECI TYDZIEŃ PO ZAKOŃCZONYM POŚCIE

Wprowadzamy jajka i zdrowy nabiał oraz chude ryby i chude mięso. Dzienna dawka kalorii to maksymalnie 1400.

Po trzech tygodniach wyprowadzenia z postu jemy już prawie wszystko, oczywiście według zasady zdrowej zbilansowanej diety.

Wychodziłam z postu wspólnie z „Przełomem w odżywianiu". Dlatego już w pierwszym tygodniu niektóre moje posiłki składały się z kilku ziarenek kaszy ;). Trudno samodzielnie skomponować dla siebie menu, wykorzystując wszystkie warzywa, owoce i kasze, i do tego nie przekroczyć 800 kcal. Warto więc przestrzegać pierwszego planu lub dokładnie porcje ważyć.

W dalszej części książki znajdziesz pyszne przepisy na dania po wyjściu z postu. Przetestowałam je sama.

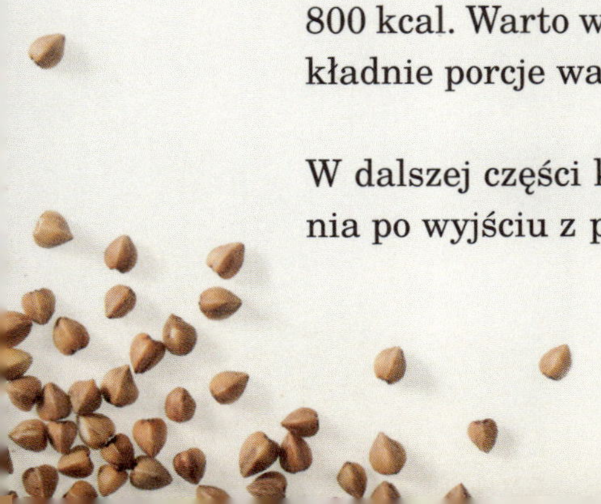

SAŁATKA z KIEŁKAMI

50 g sałaty rzymskiej (2 garści), 70 g pomidorów, 100 g kiełków na patelnię, 10 g prażonych ziaren słonecznika, 15 g suszonych pomidorów, 5 g (1 łyżeczka oliwy), przyprawy: sól, pieprz, papryka ostra, papryka słodka, zioła prowansalskie

Na porwanej sałacie ułożyć pokrojone na połówki pomidorki, posiekane suszone pomidory i prażone pestki słonecznika. Kiełki podsmażyć na patelni na łyżeczce oliwy. Przyprawić.

ENERGETYCZNA OWSIANKA
Z POMARAŃCZĄ, ŻURAWINĄ I CYNAMONEM

45 g płatków owsianych, 150 ml mleka, 70 g pomarańczy, 10 g żurawiny, 10 g białej morwy, 2 g cynamonu

Płatki owsiane ugotować w wodzie z dodatkiem mleka i morwy. Przelać do miseczki. Pomarańczę obrać, pokroić w kostkę i ozdobić nią owsiankę. Na wierzchu posypać żurawiną i cynamonem.

MUS
OWOCOWO-DAKTYLOWY Z KASZY JAGLANEJ

100 g mleka migdałowego
lub innego roślinnego
150 g owoców (truskawki, maliny, borówki)
40 g suchej kaszy jaglanej
20 g daktyli
5 kropli ekstraktu waniliowego

Kaszę jaglaną uprażyć na patelni. Ugotować w wodzie z mlekiem i daktylami, nie solić. Po odcedzeniu i wystudzeniu całość zmiksować z owocami na gładki napój o konsystencji gęstego jogurtu.

SURÓWKA Z KAPUSTY I POMARAŃCZY

100 g kapusty pekińskiej
100 g pomarańczy
20 g rodzynek
łyżeczka soku z pomarańczy
łyżeczka soku z cytryny
10 g pestek słonecznika

Kapustę poszatkować, pomarańczę obrać i pokroić na ćwiartki. Na kapuście ułożyć pomarańczę, posypać rodzynkami i polać sokiem z pomarańczy oraz cytryny. Posypać uprażonymi pestkami słonecznika.

WARZYWNE SZASZŁYKI
Z MOZZARELLĄ I SOSEM JOGURTOWO-ZIOŁOWYM

50 g buraka, 40 g bakłażana, 40 g marchwi, 30 g sera sałatkowego ziołowego (do pokrojenia w kostkę), 40 g papryki żółtej, 40 g pieczarek

Marynata: 5 g oliwy, 10 g wody, 5 g sosu sojowego, 1 g papryki ostrej, 1 g papryki słodkiej, 1 g rozmarynu, 1 g kurkumy, 1 g soli

Sos: 20 g jogurtu naturalnego, 3 g musztardy rosyjskiej, 5 g szczypiorku, 5 g pietruszki, 1 g bazylii, 1 g estragonu, 1 g pieprzu ziołowego, 1 g brązowego cukru, 1 g soli

Bakłażana umyć i pokroić na plasterki o grubości 1,5 cm. Marchew i pieczarki obrać. Paprykę umyć i wydrążyć środek. Marchew pokroić na plasterki o grubości 1 cm, mniejsze pieczarki – na pół, większe – na ćwiartki. Paprykę pokroić w kostkę wielkości pomidorków koktajlowych. Przygotować marynatę z oliwy, sosu sojowego, wody i przypraw, zamarynować warzywa na godzinę. Upiec do miękkości w nagrzanym piekarniku w formie wyłożonej papierem do pieczenia. Co chwilę mieszać, żeby się nie przypaliły! Buraki gotować do miękkości, obrać, pokroić w kostkę wielkości pomidorków koktajlowych. Ser pokroić w kostkę wielkości pomidorków, maksymalnie dwie kostki na szaszłyk. Warzywa nadziewać naprzemiennie.

Sos: Wymieszać jogurt ze świeżo wyciśniętym czosnkiem, ziołami i przyprawami.

SPAGHETTI
Z PIECZARKAMI, TOFU I OLIWKAMI

100 ml pulpy pomidorowej, 5 g czosnku, 20 g cebuli, 2 g ziół prowansalskich, bazylia, 40 g makaronu pełnoziarnistego typu spaghetti, 50 g tofu, 2 g sosu sojowego, 5 g płatków drożdżowych, 1 g soli, 1 g pieprzu ziołowego, 2 g papryki wędzonej ostrej i słodkiej, 100 g pieczarek, 30 g mozzarelli, 20 g czarnych oliwek, 10 g natki pietruszki, 25 g szpinaku, 20 g cebuli

Surówka: 80 g pomidorków koktajlowych, 10 g dymki, 10 g kiełków, 50 g rukoli

Sos: 5 g oliwy extra virgin, 2,5 g musztardy, 2,5 g balsamico, 5 g soku z cytryny, 2 g soli, pieprz czarny

Posiekaną cebulę, czosnek i pieczarki poddusić na oliwie, dodać pulpę pomidorową. Tofu pokroić w kostkę, zamarynować w sosie sojowym, płatkach drożdżowych i przyprawach. Piec 5 minut w piekarniku rozgrzanym do 180 stopni Celsjusza. Należy uważać, żeby nie spalić! Tofu przełożyć do sosu pomidorowego, dodać startą mozzarellę oraz pokrojone czarne oliwki. Doprawić do smaku. Makaron ugotować *al dente*.

KOTLECIKI z BURAKA

4 małe buraki
cebula
pół szklanki kaszy jaglanej
spora garść uprażonego słonecznika (prażyć bez tłuszczu i soli na patelni na małym ogniu, ciągle mieszając)
2–3 ząbki czosnku
sól, pieprz, czarnuszka
2 marchewki

Ugotować kaszę jaglaną (wypłukać dwa razy wrzątkiem, żeby pozbyć się goryczki).
Świeże buraki obrać i zetrzeć na tarce.
Cebulę drobno pokroić. Kiedy kasza wystygnie, wsypać do niej buraki, cebulę, dodać czosnek (przeciśnięty przez praskę), sól, pieprz, uprażony słonecznik. Wszystko wymieszać, ulepić kotleciki i obtoczyć czarnuszką. Jeśli się rozpadają, można dodać mielone siemię lniane.
Kotlety włożyć do rozgrzanego piekarnika i piec 40 minut w 180 stopniach.
Podawać z surówką ze startej marchewki.

FASOLKA
Z WARZYWAMI, RYŻEM I CZARNĄ SOCZEWICĄ

**20 g cebuli, 5 g oleju, 10 g wody,
70 g fasoli czerwonej suchej,
100 g pokrojonego pomidora + 100 g z kartonika,
10 g soku z cytryny, 2 g oregano, bazylii,
10 g świeżej bazylii, 5 g świeżej kolendry,
20 g czarnych oliwek, 5 g prażonego sezamu,
40 g ryżu jaśminowego, 25 g czarnej soczewicy,
15 g natki pietruszki, dymka,
sól, pieprz, ostra papryka**

Fasolę namoczyć na noc. Ugotować. Cebulę drobno pokroić, udusić z olejem i wodą. W tym czasie nastawić wodę na ryż i soczewicę. Ugotować. Zioła posiekać. Do cebuli dodać pomidory, wlać sok z cytryny i gotować kilka minut. Doprawić oregano, bazylią, solą i pieprzem. Dodać oliwki. Ryż wymieszać z soczewicą, ugotowaną fasolą, sosem pomidorowym, doprawić solą i ostrą papryką. Wymieszać z dymką i natką pietruszki, posypać kolendrą, bazylią i prażonym sezamem.

CAPRESE Z OWOCÓW Z JAGODAMI GOJI

70 g jabłek
70 g gruszek
70 g grejpfruta
10 g pestek słonecznika
10 g rodzynek
20 g rukoli
10 g jagód goji

Jabłka, gruszki i grejpfruty obrać, cytrusy dokładnie oczyścić z błonek, pokroić w plasterki grubości 1 cm. Jabłka dokładnie umyć, wydrążyć środek i pokroić na plasterki grubości 1 cm. Z gruszek wydrążyć środek, pokroić na plasterki o grubości 1 cm. Owoce układać naprzemiennie na rukoli. Posypać prażonym słonecznikiem, żurawiną i jagodami goji.

KREM
Z BURAKÓW I MALIN

200 g buraków
50 g malin
5 g cebuli czerwonej
150 ml bulionu warzywnego
⅓ łyżki mleczka kokosowego
5 g oliwy z oliwek
sól, pieprz, przyprawa korzenna, majeranek

Ugotować bulion warzywny. Cebulę czerwoną posiekać, poddusić, następnie dodać do bulionu. Piekarnik nagrzać do 180 stopni Celsjusza. Buraki obrać i pokroić na kawałki, a następnie ułożyć na papierze do pieczenia. Skropić oliwą i posypać solą. Piec okolo 30 minut. Wyjąć z piekarnika i odstawić do przestudzenia. Zblendować z bulionem warzywnym i mleczkiem kokosowym. Przelać do miski i posypać malinami.

KOKOSOWE CURRY
Z BATATAMI

50 ml mleka kokosowego + 100 ml bulionu
5 g papryczki chilli
2 g czosnku
10 g oleju rzepakowego
100 g fasolki szparagowej
80 g ziemniaków
80 g batatów
2 g ziaren kuminu
5 g imbiru
50 g pomidorów
10 g natki pietruszki
sól, pieprz

Ziemniaki i bataty wyszorować i pokroić w kostkę, fasolkę ugotować. W garnku rozgrzać olej, wrzucić przyprawy, dodać pokrojony czosnek, papryczkę chilli, ziemniaki, bataty i fasolkę. Dusić około 2 minut, podlewając wodą. Dodać mleko kokosowe i bulion jarzynowy. Dusić około 15 minut, aż warzywa będą miękkie. Natkę posiekać, pomidora sparzyć, pokroić. Całość doprawić solą i pieprzem.

KASZA GRYCZANA
Z GROSZKIEM

100 g kaszy gryczanej
szklanka zielonego groszku
(może być mrożony)
pół pęczka pietruszki
rzeżucha do posypania
przyprawy

Kaszę gryczaną ugotować w lekko osolonej wodzie (żeby była *al dente*) W drugim garnku ugotować groszek (8 minut). Pietruszkę drobno posiekać. Ugotowaną kaszę wymieszać z groszkiem i pietruszką, przyprawić i posypać rzeżuchą (im więcej jej tym lepiej).

W *biegu*

Wszystkim zapewne wydaje się, że kobieta, która od dwudziestu lat pracuje „w sporcie", jest tak obyta w tym temacie, że sama na poziomie olimpijskim uprawia zdecydowaną większość dyscyplin. Niestety, muszę tę informację sprostować. Kocham sport, nic tak nie uwalnia moich endorfin, jak patrzenie godzinami na to, co „wyrabiają" na boisku nasi kochani siatkarze albo chłopaki „od ręcznej". Zdzieram gardło, udając, że nie widzę, kiedy mój kortyzol szybuje niczym skoczkowie na którejkolwiek z krokwi, i nie reaguję, kiedy testosteron kipi we mnie, bo właśnie na boisko weszli Lewandowski, Błaszczykowski i Pazdan. Oj tak, kocham sport. Za emocje, nieprzewidywalność, uczciwość, kaprysy i przekraczanie granic. Nigdy nie rzuciłabym go dla innej dyscypliny, choć przyznam, że show-biznes mruczy do mnie od jakiegoś czasu i łasi się do nogi. A ja pozwalam na to, bo jako człowiek od sportu wiem, jak ważne jest wyciskanie z siebie jak najwięcej i łączenie różnych dyscyplin, by osiągnąć święty spokój. Ale czy sama lubię wylewać z siebie siódme poty w siłowni, to już inna historia. Bardzo krótka. Nie lubię, nie potrafię, nie chcę. Jeździć na rowerze, proszę bardzo, ścigać się z koleżanką na rolkach, jak najbardziej, zimą pojechać na narty i tam dać z siebie sto procent, po stokroć tak. Ale siłownia… nie wiem. Po co mi to? Tak myślałam do momentu „Tańca z gwiazdami". Po nim zmieniłam zdanie. Ale raczej myślenie niż złe nawyki. Po kilkumiesięcznych morderczych treningach do tego show zrozumiałam, dlaczego trzeba wykonywać ćwiczenia siłowe i przeplatać je dobrym kardio. Nie tylko dlatego, że jest to supersposób na zrzucenie kilku kilogramów, ale dlatego że nagle człowiekowi wydaje się, że jest Goliatem. W szpilkach wbiegasz bez zadyszki na czwarte piętro! Nie masz zakwasów, choć powinnaś, bo pół nocy tańczyłaś do przebojów Prince'a. Twój brzuch jest jakby nie twój, taki silny i napięty. Plecy nie bolą, pelikany odfrunęły, a nogi jak u sarenki, wysmuklone i powabne. Pięknie. Tylko dlaczego musi to kosztować tyle wysiłku?

Po „Tańcu..." obiecałam sobie, że jeszcze do siłowni wrócę. Minęły cztery lata, a ja nic. Do teraz. Bo kiedy zdecydowałam się na spektakularną metamorfozę, wiedziałam, że sama marchewka nie wystarczy i muszę umówić się z moim trenerem personalnym Tomkiem Choińskim... niestety nie na randkę.

Ale spokojnie, zanim do niego zadzwoniłam, minęły kolejne miesiące. W trakcie postu o ćwiczeniach nie było mowy, sama zresztą wiesz, że w tym czasie organizm walczy z toksynami i człowiek naprawdę nie ma siły na podniesienie nogi w celach treningowych, bo przecież i tak ledwie wkłada buty.

Ale po poście wymówki szybko się skończyły, dlatego dla odmiany energię, która we mnie buzowała, postanowiłam skierować w dobrym kierunku i... poszło. Teraz chodzę do siłowni dwa, trzy razy w tygodniu, a Tomek ułożył dla mnie nieskomplikowany zestaw ćwiczeń, który nie nudzi mnie i – przyznam – nawet mi się podoba. Kilka ćwiczeń siłowych, które rozpoczynam i kończę wysiłkiem kardio. Czas: około godziny. I endorfiny naprawdę działają. Spróbuj sama!

Karolina każdy trening zaczyna od **ćwiczenia kardio**, do czego idealnie nadaje się ergometr wioślarski. Dzięki niemu szybko rozgrzejesz całe ciało.

Świetne ćwiczenie na rozgrzewkę, które najlepiej wykonywać na średnim tętnie **przez 7–8 minut**.

Po rozgrzewce zaczynamy ćwiczenia siłowe.

1. WYCISKANIE NA KLATKĘ NA MASZYNIE

W to ćwiczenie są zaangażowane **mięśnie klatki piersiowej**, **naramienny** (część przednia) i **triceps**.

Wykonujemy **3 serie po 15–20 powtórzeń**.

Przerwa między seriami – minuta.

2. *ŚCIĄGANIE GÓRNEGO WYCIĄGU – CHWYT SZEROKI*

W to ćwiczenie są zaangażowane **mięśnie grzbietu** i **biceps**.

Wykonujemy **3 serie po 15–20 powtórzeń**.

3. *WYPROSTY PODUDZI NA MASZYNIE*

W to ćwiczenie jest zaangażowany **mięsień czworogłowy uda** (przednia część uda).

Wykonujemy **3–4 serie po 15–20 powtórzeń**.

4. *PRZYWODZENIE NÓG NA MASZYNIE*

W to ćwiczenie są zaangażowane **mięśnie grupy przywodzicieli**, czyli wewnętrznej części uda.

Wykonujemy **3–4 serie po 15–20 powtórzeń**.

5. WYCISKANIE HANTLI NAD GŁOWĘ

W to ćwiczenie są zaangażowane **mięsień naramienny** (część przednia) i **triceps**.

Wykonujemy **3–4 serie po 15–20 powtórzeń**.

6. *WYPADY W PRZÓD Z UGINANIEM PRZEDRAMION*

W to ćwiczenie są zaangażowane **pośladki**, **uda** i **biceps**.

Wykonujemy **3–4 serie po 15–20 powtórzeń**.

7. *SPIĘCIA MIĘŚNI BRZUCHA – CRUNCH*

W to ćwiczenie są zaangażowane **mięśnie brzucha**.

Tutaj zwiększamy liczbę powtórzeń.

Wykonujemy **3–4 serie po 25–30 powtórzeń**.

8. *SPIĘCIA MIĘŚNI GRZBIETU, CZYLI JEDNOCZESNE UNOSZENIE TUŁOWIA I NÓG*

W to ćwiczenie są zaangażowane **mięśnie grzbietu**, **tylnej części uda**, czyli mięsień dwugłowy, i **pośladki**.

Wykonujemy **4 serie po 25–30 powtórzeń**.

9. DESKA BOKIEM

Trzymamy pozycję przez **30 sekund**.

W zależności od poziomu wytrenowania od 30 do 60 sekund trzymamy taką pozycję na każdą ze stron.

Ćwiczenie wykonujemy **w seriach 3–4 razy**.

W to ćwiczenie są zaangażowane: **korpus (brzuch, grzbiet, mięsień naramienny),** w mniejszym stopniu **pośladek i jego boczna część i bok uda.**

10. ROZCIĄGANIE

Bardzo dobrym sposobem na regenerację i rozciągnięcie potreningowe jest rolowanie (na zdjęciu rolowanie mięśnia czworogłowego uda).

Takie ćwiczenie wykonać w **seriach: 3–4 serie przez 30–40 sekund na każdą nogę**. Nie spieszyć się!

11. *ROZCIĄGANIE MIĘŚNIA DWUGŁOWEGO UDA, CZYLI TYLNEJ CZĘŚCI UDA*

Pozycję przytrzymać **30 sekund** i wykonać **w trzech seriach na każdą nogę**.

Po ćwiczeniach siłowych wskakujemy na bieżnię i biegniemy **około 30 minut**.

Sekrety urody

Ingrid Bergman, której chyba nie trzeba nikomu przedstawiać, powiedziała, że najpiękniejszą rzeczą, jaka może przydarzyć się kobiecie, to być na diecie. Długo nie zdawałam sobie sprawy z tego, co miała na myśli. Nadal to zdanie jest dla mnie przewrotne i nie podpiszę się pod nim obiema rękami, ale przyznam, że zaczynam dostrzegać w nim sens. Bo dieta to taki stan, podczas którego większość kobiet lubi się bardziej niż zazwyczaj. W końcu nic tak nie poprawia nam humoru, jak świadomość, że dało się radę. Ale prawda jest taka, że trudno zacząć, a co dopiero opracować plan działania i zdecydować się na miesiące wyrzeczeń. Tobie się to udało. Nawet jeśli mamy do pokonania długą i krętą drogę, to i tak możemy być dumne z dotychczasowych osiągnięć. Nagroda? Odzwierciedla się w kondycji skóry, włosów, paznokci i ogólnie samopoczuciu.

Post ma to do siebie, że przez pierwsze dni (u mnie około dwóch tygodni) usuwamy z organizmu wszystkie toksyny. Dlatego nasza skóra w tym okresie nie wygląda najlepiej. Wypryski, sińce pod oczami, opuchlizna rozpoczynają długą listę. W tych dniach nawet włosy nam się nie układają. Przyznam, że to stan trochę dołujący, bo nie dosyć, że nasz układ trawienny przyzwyczaja się do nowego stylu odżywiania, to jeszcze skóra idzie w jego ślady. Jest to taki moment, kiedy zapewne większość zastanawia się, czy post doktor Ewy Dąbrowskiej jest odpowiedni dla nas i czy mu podołamy. Ale wystarczy zacisnąć zęby i przetrwać pierwsze dni, a później będzie już tylko lepiej. Jeżeli nie musisz w tym czasie pracować, zwiń się w kulkę na kanapie i poczytaj książkę albo obejrzyj dobry film. Czas szybciej minie, a twoje myśli nie będą krążyły wokół jedzenia. Jeżeli natomiast nie możesz zrobić sobie przerwy w pracy, skup się w niej na obowiązkach, a na wieczór zaplanuj „Grę o tron" albo inny serial, który wszyscy poza tobą już widzieli, bo ty nigdy nie miałaś na niego wystarczająco dużo czasu. I pamiętaj, z każdym dniem będzie lepiej. Twoja skóra odwdzięczy ci się po stokroć. Wkrótce sama się przekonasz! To też dobry moment na rozpieszczanie siebie i zrobienie sobie przyjemności. Kup sobie wystrzałowy ciuch w mniejszym rozmiarze, by mieć motywację do dalszej walki. Jeśli tak jak ja masz szafę pełną ubrań we wszystkich rozmiarach, wymyśl sobie inną przyjemność, na przykład masaż albo weekend w spa.

Poniżej przedstawiam listę moich ulubionych kosmetyków i zabiegów, które przetestowałam i z czystym sumieniem polecam ci, droga czytelniczko, w tym „ciężkim" dla nas czasie, i nie tylko...

1. *KOCHAM PODRÓŻE I ZAWSZE PRZYWOŻĘ Z NICH KOSMETYCZNĄ PEREŁKĘ.*

Kiedy jestem w Izraelu, nie mogę sobie odmówić kąpieli w Morzu Martwym, po których moja skóra jest doskonale odżywiona i pełna blasku. Taki efekt utrzymywał się dłużej dzięki kosmetykom Alma K, stosowanym podczas zabiegów w hotelowych spa. Dlatego ucieszyłam się, gdy ta marka pojawiła się wreszcie w Polsce. Kosmetyki tej firmy bogate w minerały z Morza Martwego, naturalne olejki i ekstrakty

roślinne na stałe zagościły w mojej łazience. Maseczki błotne i kryształowa sól do kąpieli to nieodłączne atrybuty mojego domowego spa. Luksusowy zapach i niezwykłe właściwości tych kosmetyków cudownie relaksują i pielęgnują moją skórę.

Największym sprzymierzeńcem pięknego wyglądu jest… systematyczność.

2. BARDZO LUBIĘ NATURALNE KOSMETYKI.

Często smaruję ciało naturalnymi olejkami. Najlepiej działają, jeśli wcześniej zafunduję sobie domowy peeling. Mój ulubiony to zrobiony własnoręcznie z fusów po kawie i oliwy z oliwek. Cudownie wygładza i idealnie sprawdza się, gdy muszę pozbyć się nieco wyblakłej opalenizny. Fusy spłukuję z siebie raz ciepłą, raz zimną wodą, po czym mokrą skórę natłuszczam olejkiem kokosowym albo masłem kakaowym.

Olejek kokosowy idealnie sprawdza się również, kiedy moje włosy poddawane ciągłym stylizacjom stają się wysuszone. Wtedy taka kokosowa kuracja jest niezastąpiona. Smaruję włosy olejkiem, zawijam chustą i idę spać. Dopiero następnego dnia myję je szamponem. Olejek kokosowy nawilża włosy, ale także przetłuszcza, dlatego taki zabieg stosuję raz na jakiś czas.

Przyznam, że długo szukałam odpowiedniej linii do moich włosów. Do codziennej pielęgnacji używam kosmetyków marki Palmer's. Szampon i odżywka na bazie olejku z oliwek extra virgin sprawiają, że moje włosy są zdrowe, gęste, miękkie oraz sprężyste, a co ważne – nie muszę wydawać fortuny na ich pielęgnację. Dodam, że absolutnym hitem tej marki jest dla mnie krem ujędrniający do biustu – dzięki niemu mój biust, który w wyniku diety zmniejszył się o dwa rozmiary, nadal jest moim atutem ;). Ale nie o kremach teraz mowa, lecz o szamponach. Przyznam, że długo szukałam odpowiedniego do moich włosów. Kosmetyki w stu procentach

naturalne nie sprawdzały się, bo kiedy ktoś nieustannie musi modelować i tapirować włosy, po użyciu preparatów bez konserwantów, parabenów i silikonu nie jest w stanie nawet ich rozczesać. Dlatego wybrałam coś pośredniego. Szampon odżywczo-wygładzający na bazie olejku z oliwek extra virgin oraz odżywkę z tej samej serii marki Palmer's. Dzięki nim moje włosy są zdrowe i pełne blasku.

3. AUDREY HEPBURN NIEUSTANNIE PODKREŚLAŁA, ŻE DBANIE O SIEBIE JEST OBOWIĄZKIEM KAŻDEJ KOBIETY.

Z tym stwierdzeniem w pełni się zgadzam. Drogie panie, trzeba o siebie dbać, zdrowo się odżywiać, żyć higienicznie, pić wodę, dokładnie zmywać makijaż przez snem i wysypiać się. Pięć prostych zasad, które stosowane regularnie przynoszą spektakularne efekty. Największym sprzymierzeńcem pięknego wyglądu jest... systematyczność. Drogie kosmetyki i zabiegi w gabinetach medycyny estetycznej nie pomogą, jeżeli podstawowych zasad nie będziemy stosować SYSTEMATYCZNIE. Dbanie o swoje ciało wpoiła mi moja mama. Już jako kilkulatka obserwowałam, jak wklepywała w siebie różne kremy, czasami droższe, czasami tańsze, czasami zrobione w domu, ale robiła to systematycznie. Zmywanie makijażu wieczorem to był prawdziwy rytuał. Nie przebiegał wprawdzie dokładnie tak, jak najmodniejszy dzisiaj demakijaż preferowany przez Koreanki, ale również był kilkuetapowy i sumienny. Moja mama zawsze akcentowała swój wygląd makijażem, podkreślającymi figurę ubraniami, ale zarazem bardzo dbała o skórę. I tego mnie nauczyła. Dlatego każdego dnia dbam o swoją skórę zarówno sama w zaciszu domowym, jak i profesjonalnie, w klinice medycyny estetycznej La Perla. Wiele kobiet pyta mnie, jak to możliwe, że tak duży ubytek masy ciała nie wpłynął negatywnie na moją skórę. Geny? Może, ale do końca w to nie wierzę. Wiem, że skóra tłusta (a taką mam) jest gruba i wolniej się starzeje, ale nie oznacza, to że nie starzeje się w ogóle. Rozstępy, cellulit, zatrzymywanie wody w organizmie dotyka większość pań.

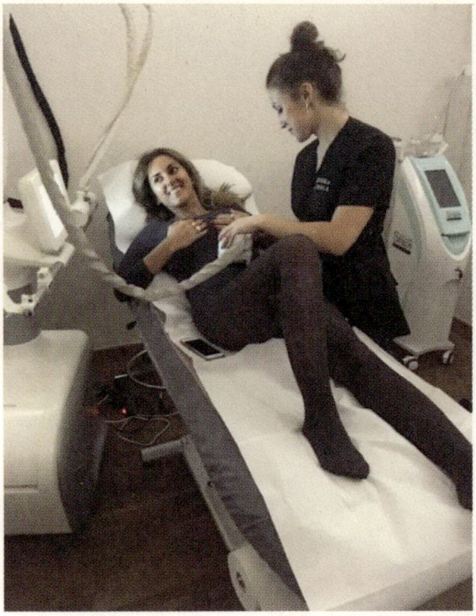

PROMOCJA

I walczą one z nimi na swój sposób. Poza regularnymi masażami bańką chińską, które sama robiłam w domu, peelingami i kremami korzystałam z zabiegów ujędrniających i wyszczuplających w klinice La Perla. Ale to wcale nie oznacza, że w klinice coś mi wycięto albo powiększono. Poznałam tam natomiast kilka sekretów, dzięki którym moja skóra nie ucierpiała na tym, że schudłam prawie trzydzieści kilogramów! Nie oszukujmy się, ubytek takiej masy ciała wiąże się z koniecznością pomocy profesjonalistów. Ale jeżeli udało ci się, droga czytelniczko, zrzucić aż takie obciążenie, to sama wiesz, że twoja skóra potrzebuje teraz dużo uwagi. Dbaj więc o nią w domu, a także korzystaj z profesjonalnych zabiegów w klinice. Czasami zamiast kolejnej sukienki, żakietu albo torebki spraw skórze prezent i zdecyduj się na wyjątkowy zabieg. Do moich ulubionych należy między innymi LPG endermologie®, czyli drenaż limfatyczny. Zabieg ten polega na zastosowaniu dwóch niezależnie sterowanych rolek umieszczonych w komorze hermetycznej, które w połączeniu z podciśnieniem działają wyszczuplająco i ujędrniają skórę, modelując sylwetkę.

PROMOCJA

Czasami zamiast kolejnej sukienki, żakietu albo torebki spraw skórze prezent i zdecyduj się na wyjątkowy zabieg.

Raz na jakiś czas lubię zafundować sobie coś mocniejszego! Liposukcję? Nie! Redukcję uporczywego tłuszczu w porze lunchu! A wszystko dzięki zabiegowi SculpSure. Ta nieinwazyjna technologia, działająca z wykorzystaniem energii lasera, usuwa tłuszcz w dwadzieścia pięć minut! Zabieg ten jest odpowiedni dla osób o każdym typie sylwetki i nie wymaga okresu rekonwalescencji. Jak to działa? Laser

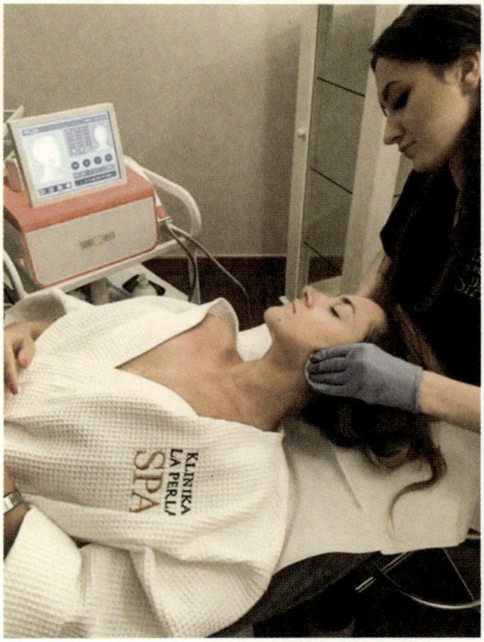

PROMOCJA

nieodwracalnie niszczy komórki tłuszczowe bez naruszenia sąsiadujących tkanek. Komórki tłuszczowe zostają podgrzane do temperatury 42–27 stopni Celsjusza, powodując ich rozpad. W trakcie zabiegu redukcji ulega aż dwadzieścia pięć procent tkanki tłuszczowej.

Wiele kobiet boi się, że spora utrata kilogramów będzie od razu widoczna na ich twarzy. Też się tego obawiałam, zwłaszcza że zawsze gubienie wagi zaczyna się u mnie od twarzy. Bałam się, że moja skóra błyskawicznie pokryje się zmarszczkami, z którymi bez ingerencji skalpela chirurgicznego sobie nie poradzę. Dlatego zdecydowałam się na lifting twarzy… niechirurgiczny, oczywiście! SonoQueen to najnowsza generacja technologii HIFU (High Intensity Focused Ultrasound), czyli odpowiednio dobranych ultradźwięków o wysokiej częstotliwości stosowanych do bezinwazyjnego niechirurgicznego liftingu twarzy i ciała, co daje spektakularny i trwały efekt napięcia aktywowany w głębokiej warstwie skóry. Zabieg jest bezbolesny i pierwsze efekty są natychmiast widoczne, czyli tak, jak to lubię najbardziej.

WYWIAD Z KALINĄ BEN SIRĄ, PREZES KLINIKI MEDYCYNY ESTETYCZNEJ

Czy pamięta pani pierwsze spotkanie z Karoliną Szostak? Co wtedy pani o niej pomyślała?

Poznałyśmy się na gruncie prywatnym poza Polsatem i poza kliniką La Perla. Jest śliczną dziennikarką, idealną do kanału sportowego. Jej energia i optymizm zachęcają do oglądania programów z jej udziałem zarówno na wizji, jak i na żywo.

Jakie cechy Karoliny budzą pani uznanie?

Dzisiaj, niestety, jest niewiele osób tak rzetelnych, słownych i obowiązkowych jak Karolina. Na Karolinę zawsze można liczyć prywatnie i na gruncie zawodowym.

Jakie zabiegi zaproponowali państwo Karolinie podczas pierwszej jej wizyty w La Perli?

Karolina dba o swoje ciało, co można zauważyć w każdej sytuacji. Rozpoczęliśmy więc od zabiegów drenujących i ujędrniających ciało. Musi być ono jędrne i po prostu apetyczne bez względu na to, czy kilogramów jest więcej, czy mniej.

Co pani sądzi o jej spektakularnej metamorfozie?

Jestem pod ogromnym wrażeniem. Ta metamorfoza to efekt samozaparcia i woli walki. Karolina schudła zdrowo w odpowiednim tempie, dlatego moim zdaniem nie grozi jej efekt jo-jo. Połączyła dietę z zabiegami, dzięki czemu jej skóra nie straciła jędrności, co jest bardzo ważne przy tak dużym ubytku masy ciała.

Czym kierowali się państwo przy modyfikowaniu planu zabiegów Karoliny, gdy schudła prawie trzydzieści kilogramów?

Systematycznie kontynuujemy zabiegi ujędrniające, takie jak LPG endermologie®. Dołożyliśmy zabiegi laserowe SculpSure likwidujące tak zwaną uporczywą tkankę tłuszczową, której trudno się pozbyć mimo diety i ćwiczeń. Stosujemy zabiegi na twarz, wśród których jest hit naszej kliniki, czyli nieinwazyjny lifting skóry SonoQueen. W przypadku tak dużej utraty masy ciała skóra traci objętość i jędrność, zwłaszcza osób, które przekroczyły czterdziesty rok życia. Skupiliśmy się więc na tym, by ubytek kilogramów nie wpłynął negatywnie na jędrność skóry Karoliny. Luźna skóra, która temu towarzyszy, to poważny efekt uboczny procesu odchudzania.

Czy może pani uchylić rąbka tajemnicy *à propos* planu przygotowanego dla Karoliny przez klinikę La Perla?

Jeśli chodzi o ciało, to aby Karolina utrzymała zgrabną sylwetkę i jędrne ciało, będziemy kontynuować drenaże limfatyczne. Z pewnością powtórzymy też zabieg odchudzający SculpSure na brzuch, aby utrwalić perfekcyjny efekt! Karolina lubi także nieinwazyjne zabiegi na twarz, które dogłębnie nawilżają, dodają blasku i napinają cerę, co ważne zwłaszcza dla osoby pracującej na wizji. Warto dbać o siebie, to daje nam siłę! Karolina jest tego najlepszym przykładem.

4. *DO MOICH ODKRYĆ NALEŻY TAKŻE COŚ ABSOLUTNIE FANTASTYCZNEGO, A MIANOWICIE BEZBOLESNA EPILACJA LASEROWA!*

Naprawdę nic nie boli, a cudownie usuwa niechciane włoski (całkowicie po 6–8 zabiegach). Koniec z codziennym goleniem nóg, koniec z depilatorami, koniec z woskiem, koniec z wrastaniem włosków po jego użyciu. I to na zawsze! I co w moim przypadku jest bardzo ważne, do tego zabiegu można mieć opalone nogi. Polecam epilację w gabinecie kosmetycznym Neoderma w Warszawie.

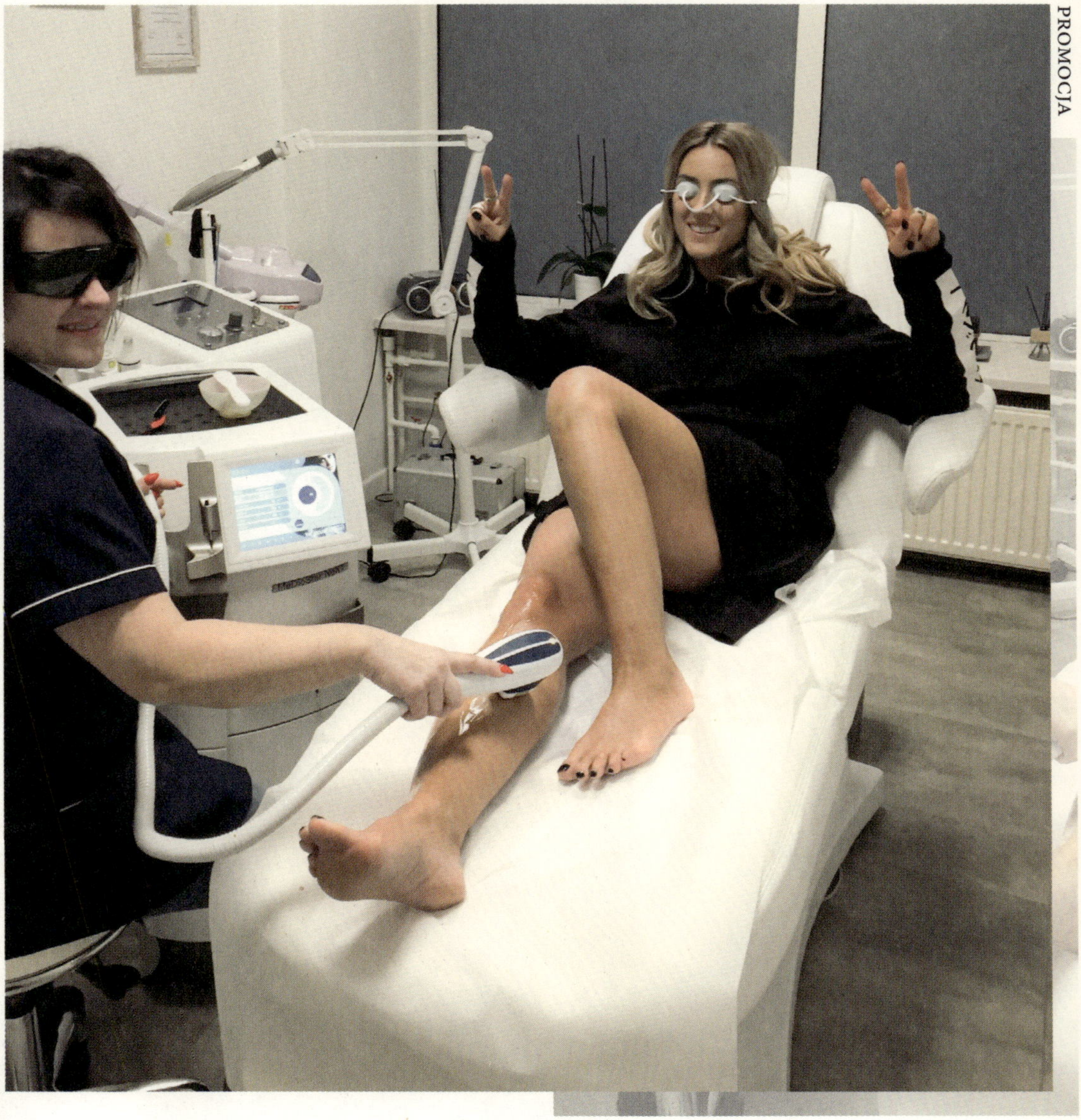

PROMOCJA

Moje triki

„Sztuczki to jest to, co różni nas od mężczyzn", oznajmiła wszem wobec Marilyn Monroe. Ta filigranowa blondynka zdecydowanie wiedziała, co mówi. Skrócenie o pół centymetra obcasa, by zalotnie kręcić biodrami, należało do arsenału jej tajemniczych trików, które sprawiały, że głowy państw traciły dla niej nie tylko głowy. Monroe zawsze nosiła za mały biustonosz, by jej biust wyglądał na większy, niż był w rzeczywistości. Kiedy przytyła (jej waga wciąż się wahała o pięć kilogramów na plus i minus), okręcała talię bandażem. Gdy chciała wyszczuplić twarz, czarną kredką zmieniała kształt łuku brwiowego, a gdy musiała odwrócić uwagę od sińców pod oczami, mocno tapirowała włosy, a usta malowała krwistoczerwoną pomadką. Wydałoby się, że wkładanie guzików pod biustonosz, by wyeksponować sutki, jest tanią sztuczką, ale to właśnie ten trik zyskał powszechne uznanie. Bardzo pomysłowe! My, współczesne kobiety, także naśladujemy Monroe. Wprawdzie nie kopiujemy zabawy z guzikami, ale przecież gra kamuflażem nie jest nam obca. Ja również mam kilka ulubionych trików, których nie boję się użyć, by wyglądać i czuć się komfortowo.

Zdradzę je wam w tajemnicy!

1. *ODPOWIEDNIA BIELIZNA*

Nawet modelki, które zazwyczaj noszą rozmiar zero, czasami mają problemy z wystającym brzuszkiem. Zazwyczaj ta nieatrakcyjna przypadłość pojawia się tuż przed ważną imprezą, kiedy mamy w planach włożyć opiętą, a nawet bardzo opiętą białą sukienkę. Wtedy jedynym ratunkiem są majtki wyszczuplające. Na szczęście od pierwszej części „Dziennika Bridget Jones" minęło ponad piętnaście lat i sporo w tej kwestii się zmieniło. Po pierwsze, już nie musimy się ich wstydzić. I nie dlatego, że panna Jones przetarła szlaki, tylko dlatego że dzisiaj wyglądają zdecydowanie lepiej niż dekadę temu. Wyszczuplające, seksowne majteczki stały się nieodzownym elementem garderoby. Każda współczesna kobieta powinna mieć w szafie ich kilka par. Od wielu lat noszę bieliznę jednej marki: Panache, ponieważ podkreśla ona i kamufluje to, co powinna. I co ważne, jest idealną propozycją dla kobiet, które noszą rozmiar większy niż S. Najbardziej lubię biustonosze tej firmy. Brytyjska Panache Lingerie z ponadtrzydziestopięcioletnią tradycją należy do najszybciej rozwijających się marek bieliźniarskich na świecie, szczególnie w sektorze biustonoszy o większych rozmiarach miseczek (miseczki od D do rozmiaru K, obwody 60–105 cm). To, w połączeniu zdoskonałym krojem i dopasowaniem, zastosowaniem wysokiej jakości materiałów i atrakcyjnych wzorów jest moim bieliźnianym numerem jeden. Pamiętam pierwsze „spotkanie" z tą bielizną. Iza Sakutowa, właścicielka marki w Polsce i ekspertka od brafittingu, w kilka minut wymodelowała mój biust. Zmniejszyła go o trzy rozmiary w obwodzie i dobrała miseczkę o pięć rozmiarów większą. Byłam w szoku! Pomimo większej miseczki mój biust wyglądał na mniejszy i bardziej zebrany. Od tamtej wizyty jestem wierna tej marce. Niedawno odwiedziłam Izę. Tak jak myślałam, mój biust zmniejszył się o dwa rozmiary. Plus jest taki, że musiałam wymienić bieliznę na nową, ładniejszą, bo w tym sezonie Panache szczególnie zachwyca. Nawet kostiumy kąpielowe noszę tylko tej firmy.

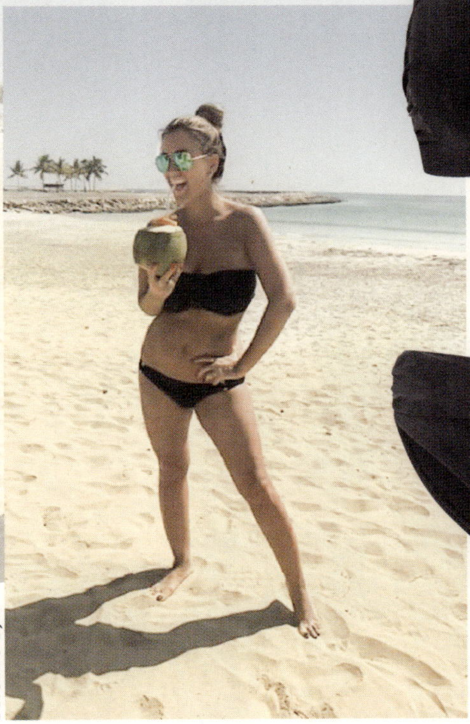

PROMOCJA

Biustonosz kąpielowy:
Anya Strapless Bandeau Bikini,
marka Panache Swimwear
Rozmiary: obwody 65–85 cm,
miseczki D–H.

Majtki kąpielowe,
marka Panache
Rozmiary: 34–44

www.panache.pl

ANYA BANDEAU STRAPLESS BRA, marka Panache Swimwear – biustonosz kąpielowy dla kobiet, które mogą pochwalić się pełniejszym biustem (aż do brytyjskiego rozmiaru miseczki H). Dzięki umieszczeniu miseczek biustonosza na fiszbinie i zastosowaniu ultralekkiej dwumilimetrowej pianki w połączeniu ze stabilnym materiałem Anya zapewnia perfekcyjny wygląd dekoltu na plaży i maksymalny poziom podtrzymania, nawet bez potrzeby stosowania ramiączek (chociaż te są dostępne w zestawie). Jeśli chodzi o mnie, wybieram opcję bez. Jak wyglądam?

Biustonosz
do głębokich
dekoltów:
Porcelain Elan
Plunge,
marka Panache
Rozmiary:
obwody:
60–85 cm,
miseczki: D–H.

PROMOCJA

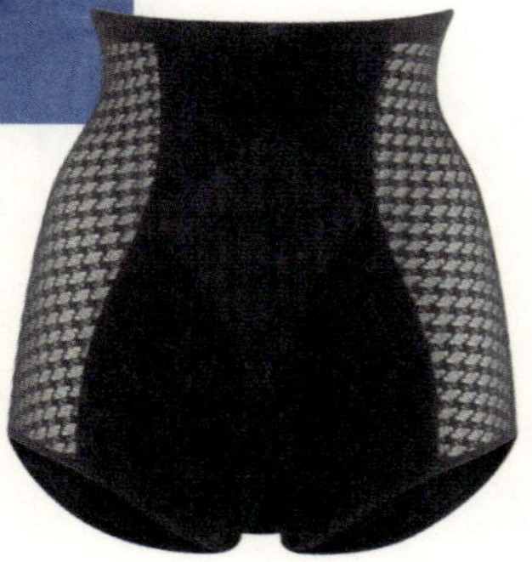

Majtki modelujące
sylwetkę: Envy high waist
shaping brief, marka Panache
Rozmiary: 34–46.

PORCELAIN ELAN PLUNGE, marka Panache – biustonosz z termicznie kształtowanymi gładkimi miseczkami oraz nisko zabudowanym złączeniem pomiędzy nimi i w dodatku dostępny do rozmiaru miseczki H. Idealnie sprawdzi się pod dopasowane ubrania oraz dekolty w kształcie litery V. Możliwość krzyżowania ramiączek sprawia, że Porcelain Elan jest modelem wielofunkcyjnym, perfekcyjnym zarówno na co dzień, jak i na specjalne okazje. Dla mnie bomba :)

2. *SZPILKI*

Kocham buty! Do tej części garderoby mam szczególną słabość. Kozaki, botki, szpilki, baleriny – nie ma znaczenia, wszystkie darzę specjalnym uczuciem i traktuję wręcz z namaszczeniem. Najbardziej lubię szpilki. W nich czuję się kobieco i seksownie. Wyszczuplają nogi, i choć może to zabrzmieć dziwnie, dodają mi pewności siebie. Moje ulubione buty produkuje Kazar.

Marka KAZAR zaskakuje mnie wzornictwem i jakością. W każdym zakątku świata kobiety podziwiają moje buty i torebki.

Szpilki – co nie podlega dyskusji – mają być piękne, ale jednocześnie wygodne. Te buty spełniają te wymagania.

3. *DOBRY KAMUFLAŻ*

Telewizja rządzi się własnymi prawami, trzeba więc je akceptować, by dobrze wypaść na wizji. I nie chodzi tylko o to, że kamera dodaje pięć kilogramów, ale także o to, że światło sprawia, iż trudniej ukryć niedoskonałości skóry. Dlatego profesjonalny i mocny makijaż to podstawa. Ta zasada obowiązuje także podczas sesji zdjęciowych. Żeby makijaż dobrze prezentował się na zdjęciu, musi być bardzo

PROMOCJA

mocny. Dlatego gwiazdy na wszystkich galach i imprezach na żywo wydają się umalowane zbyt mocno, w telewizji lub na zdjęciu natomiast wyglądają idealnie. Jeśli o mnie chodzi, lubię mocny makijaż także na co dzień. Nie mam na myśli sylwestrowego *looku*, gdy idę do warzywniaka po marchewki, ale lepiej się czuję, gdy coś podkreślę. Zazwyczaj są to oczy albo usta. O mój makijaż na wizji dba Ania

Wojciechowska, która doskonale zna moją twarz i potrafi po mistrzowsku tak „zagrać”, by efekt zaskoczył nawet mnie. Niedawno z Anią odkryłyśmy markę JOKO. Muszę przyznać, że podkłady, bronzery i matowe pomadki, które utrzymują się nawet kilka godzin (sprawdziłam to), bardzo mnie zaciekawiły. Zaczęłam je testować w domowym

Jeśli o mnie chodzi, lubię mocny makijaż także na co dzień.

zaciszu i... z czystym sumieniem stwierdzam: wybieram JOKO MAKE UP!

Matujący sypki puder Matt your Face marki JOKO doskonale stapia się ze skórą, skutecznie matuje i utrwala makijaż. Ponadto świetnie wygładza i maskuje drobne zmarszczki, nie zatykając porów. Pozwala skórze oddychać i w naturalny sposób chroni ją przed promieniowaniem UV. Ma już stałe miejsce w mojej kosmetyczce. Tak samo jak wolny od parabebów podkład CASHMERE FINISH mat & cover foundation zapewnia mocne, długotrwałe krycie i zmatowienie skóry, bez efektu maski.

Jednak największym moim hitem jest pomadka w płynie MATT LIPS, która nie schodzi z ust przez wiele godzin (idealna na randki;) Odżywcze masło shea oraz kompleks witamin A, E i F sprawiają, że usta są nawilżone i piękne przez cały dzień.

4. *NIE NARZEKAJ, DZIAŁAJ!*

Cellulit! Zmora prawie wszystkich kobiet, także tych szczupłych. I nic go nie oswoi, nawet określanie go pieszczotliwie pomarańczową skórką. Cellulit wygląda brzydko, i już to wystarczy, żeby go znienawidzić. Dlatego my, kobiety, zrobimy wszystko, by się go pozbyć. Zaczęłam z nim walczyć nową bronią w postaci odżywczego balsamu do

PROMOCJA

ciała Body Diet 24 Antycellulit Antyglikacja. Ten kosmetyk o unikatowej recepturze, do którego stworzenia wykorzystano najnowsze osiągnięcia naukowe, skutecznie walczy z cellulitem na brzuchu, udach i pośladkach, znacząco poprawiając kondycję skóry. A wszystko dzięki innowacyjnej formule opartej na połączeniu kompleksu antyglikacyjnego i technologii kosmetycznej liposukcji. Do tego polecam prysznic na przemian ciepłą i zimną wodą (kończymy zimną), masaże i chińską bańkę, by móc powiedzieć: *Adios cellulit*!

PROMOCJA

5. *TRZYMAJ POZIOM*

Własny i w każdym momencie. Bylejakość to najgorsze, co może nam się przydarzyć. Dlatego robię wszystko, żeby nigdy się jej nie poddać. Nie odpuszczam sobie, nigdy! Zawsze zmywam makijaż przed snem, bez względu na to, że ledwo stoję na nogach. Nawet w wolny dzień, kiedy mam ochotę spędzić czas w dresie na kanapie, chcę wyglądać i czuć się dobrze. Robię delikatny makijaż, wiążę włosy i… chodzę po mieszkaniu wyprostowana. Uwielbiam, gdy jedzenie elegancko prezentuje się na talerzu, kiedy mam bukiet ciętych kwiatów w wazonie i otaczają mnie przedmioty, które mi

Nawet w wolny dzień, kiedy mam ochotę spędzić czas w dresie na kanapie, chcę wyglądać i czuć się dobrze.

się podobają, począwszy od łyżeczki do kawy, przez lampę, skończywszy na kanapie. Moimi ulubionymi okoumilaczami są meble marki Heban. Cieszy mnie włoski styl we własnym mieszkaniu.

Najważniejsze, by wszystko było ze mną spójne, począwszy od mojego stylu życia, przez rzeczy, które mnie otaczają. Dlatego nawet walizka musi do mnie pasować, być unikatowa i jedyna w swoim rodzaju, najlepiej, by była spersonalizowana, marki „This is me". Robert Lewandowski też taką ma. Bo diabeł tkwi w szczegółach, a jak mawiała Greta Garbo: „Ja to nie tylko ja, ja to wszystko, co robię, słyszę i na co patrzę".

Czas więc na ciebie, droga czytelniczko,
na ciebie i twoją metamorfozę. Powodzenia!

Indeks przepisów

Edipresse Polska SA
ul. Wiejska 19
00-480 Warszawa

Dyrektor ds. książek: **Iga Rembiszewska**
Redaktor inicjujący: **Natalia Gowin**
Produkcja: **Klaudia Lis**
Marketing i promocja: **Renata Bogiel-Mikołajczyk, Beata Gontarska**
Digital i projekty specjalne: **Katarzyna Domańska**
Dystrybucja i sprzedaż: **Izabela Łazicka** (tel. 22 584 23 51),
Beata Trochonowicz (tel. 22 584 25 73), **Andrzej Kosiński** (tel. 22 584 24 43)

Redakcja: **Jolanta Kucharska**
Korekta: **Izabela Jesiołowska, Ewa Mościcka**
Projekt graficzny okładki i stron tytułowych: **Paweł Panczakiewicz/**
PANCZAKIEWICZ ART.DESIGN – www.panczakiewicz.pl
Projekt graficzny makiety, skład i łamanie: **Magdalena Betlej/**
Studio KARANDASZ – www.karandasz.com.pl
Zdjęcia: **Krzysztof Kostkiewicz,** archiwum prywatne **Karoliny Szostak**

Biuro Obsługi Klienta
www.hitsalonik.pl

EDIPRESSE
KSIĄŻKI

mail: bok@edipresse.pl
tel.: 22 584 22 22
(pon.-pt. w godz. 8:00-17:00)
www.facebook.com/edipresseksiazki

Druk i oprawa: Białostockie Zakłady Graficzne S.A.

Książkę wyprodukowano na papierze Classic 90 g vol. 2.0 firmy Zing

ZiNG

ISBN 978-83-7945-772-4

THISisme.pl
Moja spektakularna metamorfoza
KAROLINA SZOSTAK
MARTA KORDYL
Madzia
piękna i młoda
J3City
moda przemija, styl pozostaje
CHEMIK
OLICE S.A.
KLUB PIŁKI SIATKOWEJ